Stephen Guise
史蒂芬・蓋斯——著

謝慈——譯

# 如何成為
# 不完美主義者

## 不完美才完整，
## 從小目標到微習慣，
## 持續向前的成功逆思維

# HOW TO BE
# AN IMPERFECTIONIST

The New Way to Self-Acceptance, Fearless Living,
and Freedom from Perfectionism

# 目錄

## 序
# 踏出第一步的力量

「我們要追求的不是完美，而是持續進步。」

——金姆・柯林斯（Kim Collins），短跑名將

**完美主義（名詞）：認為一切不完美都不可容忍的心態。**[1]

我自己也有完美主義的傾向，因此很清楚這樣的心態如何令人挫敗，又如何充滿毀滅性。在這本書裡，我並不想逼迫你，而是希望向你展現如何擁抱人生的不完美。不完美沒什麼不好，不完美代表著自由。（但還是要澄清，「完美」並不壞——其定義是沒有缺點——但完美主義的問題就大了。）

完美主義會讓你縮在家裡，不願意把握機會，對任何計畫都不斷拖延；完美主義讓你更悲觀地看待人生，無法好好做自己；完美主義讓你壓力山大，讓你以為所有的

好事都是不好的，更讓你看不見事物最自然的運作方式。

這本書即要探討一些幫助我們成為「不完美主義者」的策略。但在開始前，還是得先提到一些上一本書的相關內容。

## 把夢做大更難成真

我的前作《驚人習慣力》（*Mini Habits: Smaller Habits, Bigger Results*）提出培養習慣、並長久維持下去的策略。由於方法確實有效，此書不管是在銷量、或在讀者的實行回饋都創下佳績。《驚人習慣力》出版一年銷量即超過四萬五千本，而後翻譯為數十種語言，在世界各地發行。

《驚人習慣力》的設想有些荒謬好笑：逼迫自己做一些（看起來）太過微不足道的正面行為，但這必須是你可以每天做的，即便最糟糕的日子也要可以。當我在本書提到「微小習慣」時，別忘了這一點：微小習慣是你每天都可以進行，而且微小到不可能失敗。

每日微小習慣的例子：寫一行程式碼、讀兩頁的書、寫五十個字、打一通銷售電話、寄電子郵件給一個人（社交網路維繫），或是處理一封郵件。這類的點子在「minihabits.com/mini-habit-ideas」網站上還有許多，但概念都是一樣的——選擇一個你絕對不會失敗的活動，每天都做，直到成為習慣，並發展得更大。微小習慣沒有天花板，就如同每天做一下伏地挺身，可以變成每天都做五十下伏地挺身。讓目標夠小，才能確保你開始執行。

## 行動的複利效果

從我最初做第一下伏地挺身到現在，已超過兩年，我想跟你們分享微小習慣如何不斷地幫助我自己改善。

連續六個月，我每天都做一下（或更多下）伏地挺身，我對運動的抗拒漸漸減少。我開始能一週上健身房三次，三個月後，我變成一週四次，兩個月後增加到五次。一開始，這是我必須達成的要求，而現在我每週運動三到五次，每次都超過一小時，卻是因為我真心想這麼做。運動已經變得和進食一樣自然，我可能會因為意外事件，例如生病或受傷，而跳過一次。但沒有意外我就不會錯過。我達到有生以來最好的體態，而且逐漸變壯。

隨著運動的微小習慣成功，我開始每天讀兩頁書籍和寫五十個字的微小習慣。過了一年多，我也沒有增加難度，因為不需要。我每天都閱讀、寫作，份量不一定，卻帶來了驚人成效。立意良好的、渺小、長久持續的行動會帶來豐碩的成長。

培養微小習慣，對我的心理狀態出現令人振奮的附加好處。在社交場合我比以往更有自信，這股信心來自人生的改善，還有我學會一小步一小步地邁向恐懼。即便我本性內向，能獨處很久，也不擅長跟人哈啦（如果你聽過MBTI十六型人格測驗，我測出「INTP—邏輯學家」人格），我還是從羞於社交變得自在跟人交流。

我的舒適圈往多個方向擴展。對於重要的事——運動、用心進食、寫作、吸取知識與維持人脈，我越來越應付自如、也更發自內心地去做。減重前後的對比照片能確實凸顯出成果，但沒辦法看出持續微小習慣對內在的影響。這不是為期二、三十天的計畫，微小習慣帶來長久的生活型態改變，需要至少持續兩年不間斷。

這兩年我的進步遠多過前面十年。這是因為微小習慣在各種層面都能推動我們的人生，而且有心嘗試的人就幾乎不會失敗。

這本書與《驚人習慣力》環環相扣，但主題不在塑造習慣，《如何成為不完美主義者》的重點是面對完美主義引發的眾多問題，找出解決之道。

## 從微小習慣到不完美主義

微小習慣如何幫助我成為不完美主義者？就用這個具體的例子說明：某天我前往雜貨店，健身房剛好就在隔壁。我那天想要運動，但有兩個問題。首先，我沒穿運動服出門，在健身房會看起來很突兀，運動起來也不舒適。第二，我的手指骨折，而我做的運動大都包含槓鈴，受傷的手指根本不能抓握。這些都是很完美的藉口。

過去這種「改天再做吧」的情境屢見不鮮。但我換個想法了，雖然在這種情況下運動沒什麼道理，但我也想到隨時把握機會運動的好處。於是，我開始做不完美的運動，做了深蹲、三頭肌撐體和開手飛鳥。我接受了這「不夠好」的運動方式和不完美的情況（注意：深蹲可以很激烈），反而帶來了優良的訓練品質。

我內心的完美主義者找到兩個不該上健身房的好理由，但**不完美主義者**看見的卻是小小進步的機會，而我選擇把握。可能有些人忘了這件事：人生就是由這些微小的決定所構成。我們總以為真正重要的是「我要減肥」或「我要寫書」這類決定，因為這些才是重大成就。但現在回顧過去，想想你曾經在上千個微不足道的時刻，其實有機會一步步累積，讓自己成為某個領域的大師。這些日常的決定（以及逃避）才真正建構了人生。

要持續從微小習慣發展成不完美主義，要先找出相通的概念。微小習慣是成為不完美主義不可或缺的工具，由於這些習慣太微不足道、使得完美主義者看不上眼。但它們不會增加壓力，完美主義者也會覺得試試無妨。本書提供的方法將建立在微小習慣之上。

## 你知道，你就是個完美主義者

我在寫書前會好好研究，像是類似主題書籍的書評，尤其評分未達三顆星的。從各種批判能了解，大家希望看完這類書籍會得到什麼。低評價未必是作者寫不好，但絕對能從中發現讀者**還需要**什麼。

會讀此類書籍的人似乎很挫敗：作者耗費太多篇幅在指出，有哪些特點會指向他們是完美主義，卻又沒有提出**解決問題**的具體建議。我注意到，因於某些困擾而翻開這類書的人，已深具問題意識（會買封面寫著『完美主義』的書就是最好的證明）。即便如此，我們還是得談談完美主義這個主題，才能真正有所了解。要解決任何問題之前，都必須先經過一番研究，特別是複雜如完美主義的問題。

在寫作前的準備中，我發現相似書可分成兩類。一種是像演奏豎琴般撥弄你的情緒，試圖將你**驅離**完美主義；另一種則基於科學，灌輸你大量的數據，讓你不禁覺得比起讀完它還不如保持完美主義。雖然比較好的書會結合這兩種論調，但我還是沒發現好的解方。因此，我的著書目標都是找到娛樂和教育、實際和想像的交集，以及更重要的，帶領讀者達到長久的改變。

我試著讓這本書完美。

## 導覽：不完美主義的旅途

解決方式和應用寫在最後一章。前面九章，會深入探討一些概念；而最後一章，則是收集、分類並整合出所有可行的解決方案。如此架構也能使不同讀者方便快速檢閱。

我之所以事先說明，是以免你以為前半部盡是冗長的雜談，而沒有實際的建議。這樣安排架構，為的是讓你放心享受前面的內容，而不需要擔心記不住，也不用一邊思考著如何應用。最後一章便會提供具體建議。

因為理解和應用是兩個獨立的過程，因此本書的架構符合邏輯。先對一件事有所了解、看清全貌，而後才能把透徹的理解轉化為應用。

踏上不完美之旅前，先為你導覽：

**第一章**：我們將檢視完美主義。什麼是完美主義？完美主義怎麼運作？完美主義為何存在？目的是什麼？

**第二章：**接著，我們將更深入地探討完美主義者的心理，找出共通的思考模式，以及完美主義者背後的理由。

**第三章：**我們將探索完美主義的缺點，找到改變的理由。

**第四章：**在這個部分，我們將探討不完美主義，以及不完美主義如何帶給我們所期盼的自由。而後，我們將更徹底地了解自己為何變成完美主義者，以及轉向不完美主義會帶來怎樣的好處。本章結尾將提供完美主義的總括性解決方式。

**第五章到第九章：**完美主義是個比較大的概念，因此必須細分為不同的面向一一擊破。我們將完美主義區分為五個子類型，再各自解析並克服。採取概括性的不完美主義心態很有幫助（這是第四章討論的重點），但為了要有更顯著的進步，或許得用個人專屬的方式，面對自己獨特的完美主義。當然，這裡的建議就是「別試著追求完美」。

**第十章：**總結來說，我們會將這本書的結論轉化為可以執行的微小習慣。更重要的是，我們將提供你與生活結合的框架，讓你不致手足無措。完美主義者向來很難將好的建議付諸實踐，因為他們總是貪多務得。

許多書可能提供你三百個好建議，隨機散佈在每一章節，讓你苦思如何一夜之間努力做出三百個改變。提醒你：這是不可能的！實踐是個人成長中最困難的部分，因為我們的願望清單總是長得不切實際。因此，我認為最後一章和這整本書的結構都相當實用。

在旅途中，我會盡力讓你不要無聊到睡著。假如我失敗了，你還是可以去泡一杯咖啡。

# 第一章

# 我是完美主義者嗎？

「世界時常使人失去自我，而做自己就是最了不起的成就。」

——愛默生（Ralph Waldo Emerson），美國哲學家

「日本人修復破碎之物時，會在裂縫中填入黃金，讓傷痕放大。他們相信受過傷害、擁有歷史的事物才更加美麗。」

——芭芭拉・布魯姆（Barbara Bloom），視覺藝術家

就最準確、最專業的字面定義，純粹的完美主義者在現實世界中是不正常的人。如果這時你頻頻點頭，那很可能是誇大了，因為我們並不屬於前述情形，大都是可正常生活的完美主義者，但並沒有因此活得完美。

- 你常陷入選擇障礙嗎？完美主義。
- 你在社交場合深感不自在？完美主義。
- 你有拖延症？完美主義。
- 你很容易陷入低潮？（很可能是）完美主義。
- 你常覺得自卑？完美主義。

完美主義造成人生中最嚴重的一些心理問題，因人生裡的任何一點不完美，都變成惱人、咄咄逼人、無法跨越的障礙。完美主義者會因理想與現實的鴻溝，而難以進步或享受人生。不完美主義者卻能接受不夠好的地方，而不完美正是現實世界的本質。

所幸，完美主義並非根深柢固。我們都有能力改變自己，但必須用對方法。為了找到正確的策略，就需要先了解致使完美主義的根本原因。

## 「我真是個完美主義者」

我們可能曾說——或聽到別人評價：「我（你）真是個完美主義者。」此時「完美主義」聽起來像是缺點，卻令人暗自為傲？提到這個詞，人們總是一邊笑著一邊說。這個特質被視為正向缺點，也是「你最大的缺點」這個面試老問題的理想應對。

完美信仰者希望自己的表現、外貌都看似沒有瑕疵。這聽來並不壞，但事實是：當你在「完美」或「不完美」後面加上「主義」，就會反轉原本的意涵。完美主義不同於完美，非但不理性，更使人手足無措、自我妨礙，甚至影響到身體健康（如引發厭食症、憂鬱症或自殺）。

假如我們充分理解完美主義的危害，就絕不會得意地自詡為完美主義者。我不是在藉此批評某些人，因為我們都在某種程度上是完美主義者，然而，「我是完美主義者」本是一道裂開的傷口，卻被誤當成美麗的飾品。

這個細節很重要，你知道為什麼嗎？就算你讀完本書，看見了不完美主義的自由與力量依然不夠——**假如你無法將完美主義定義為一種具有破壞性的劣等心態，那麼，你就會被那種自感優越的幻覺給阻礙，達不到你自己期望的改變。**

完美主義會導致其他嚴重的問題，卻通常被錯誤歸類。比如，完美主義是憂鬱症一種非常常見的成因，而後更可能導致一系列問題，如成癮症。

完美主義的典型外顯症狀，就是厭食症：渴望達到「完美體重」或身形。厭食症是非常危險而棘手的心理疾病之一。所以我們也別太輕鬆看待完美主義，它其實是一種精神障礙。你會發現本書基本上語氣輕鬆，不過，由於太多人也輕鬆看待這件事，所以必須再強調：我們必須停止對完美主義的暗中仰慕，如此一來才能擺脫它。

完美主義是偽裝，是騙局，是你能想到的最糟心態。而不完美主義才真正存在，是美好的存在。接下來閱讀時，請著對這些詞建立新的認知，重新建立心理連結。也許你會開始說：「我是個不完美主義者！」

## 我為何想要完美

要知道如何轉化為不完美主義，我們得先知道，究竟何等程度才會稱之為完美主義。知道汽車為何物、有何用途，並不代表你也能造一輛，同樣道理，你知道完美主義為何，卻不一定能控制它。

也因此我們需要詳細研究，打下理解完美主義的良好基礎。問題在於，對於如何拆解完美主義，目前仍然沒有共識（後面就會看到）。

### 構成完美主義的要素

一九九〇年，心理學家佛洛斯特（Randy Frost）開發了所謂的「佛洛斯特多面向完美主義量表」（Frost Multidimensional Perfectionism Scale，簡稱FMPS）[1]。以下是量表中的六種分量表和其常見縮寫：

- 過度在乎錯誤（CM）

- 個人標準（PS）
- 父母期望（PE）
- 父母批評（PC）
- 對行動的懷疑（DA）
- 組織性（OR）

（一九九八年，英國學者喬史杜柏〔Joachim Stoeber〕提出，此量表可以簡化為四個分量表，但他也提到，某些研究結果顯示，「原始的分量表的確可以在臨床上看到比較明顯的區隔」。）[2]

一九九一年，完美主義領域的心理學家休伊特（Paul Hewitt）與弗萊特（Hewitt Gordon Flett）設計出多面向完美主義量表（Multidimensional Perfectionism Scale），共由四十五個項目組成，依照完美主義的來源分類[3]：

- 自我導向：對自我懷抱不切實際的標準，以及完美主義的動機。

• 他人導向：對他人不切實際的標準和完美主義動機。

• 社會導向：相信重要他人期望自己達到完美。

假如把這些模型融合，又會如何呢？二〇〇四年，阿帕拉契州大學（Appalachian State University）的研究者選擇上述兩種完美主義量表，加以分析並進行自己的研究，創造了新的量表，共分為兩大類型的八個分量表[4]：

**盡責型完美主義**

• 組織型
• 積極進取型
• 計畫型
• 對他人高標準型

## 自我評估型完美主義

- 過度在意犯錯型
- 渴望認同型
- 覺察父母壓力型
- 反芻型

單一的詞，就能衍伸出如此複雜的分支概念。你應該能感受到，這些量表都無法精確反映出完美主義的每個面向。研究者不斷努力建立完美主義的模型和量表，希望的是好好定義這個詞與其相關問題，卻不是根據手上的資訊找出解決之道。這並不是批評。他們的研究目的不是找到解方，而比較像是昭告：我們發現這件事。

我們不會深入探討完美主義的嚴格定義，**我們要找的是解決問題的方式**。我（向來）感興趣的是：「在最合邏輯的狀況下，這些資訊可以拿來做什麼？」

經過分析和聚焦後，我根據「接近核心」以及「彈性」的程度，歸納出完美主義五個最重要的分區。當我們開始對完美主義發動不完美的進攻時，這些分區就會是我們的目標（按照本書出現的順序排列，來源則呈現於括號中）：

- 不切實際的期望（我自己增加的）
- 反芻（希爾）
- 渴望認同（希爾）
- 過度在乎錯誤（佛洛斯特）
- 對行動的懷疑（佛洛斯特）

我排除「好的」完美主義形式，例如積極進取和組織性，因為這些不是需要解決的問題。而從個人的角度來看，我甚至不會將其歸類為完美主義。但這個部分我們之後再談。

為求簡潔具體，我也沒有納入某些分量。舉例來說，和父母相關的完美主義來自不切實際的期盼和渴望認同。既然根源相同，解決方式也就不會有所差異。現在，讓我們一窺完美主義者的內心，看看為什麼有這麼多人抱持著類似的想法吧！

# 第二章

# 完美主義的形成

「如果追求完美，你將永遠無法滿足。」

——托爾斯泰

你可以把完美主義想成是冰淇淋，口味眾多，但由牛奶和砂糖組成的基底不變。雖然很難完整詳盡地敘述完美主義的每個層面，但我們可以討論概括性的特質。在這個章節裡，我們將廣義地討論完美主義。

人們評判完美的標準有三項：情境、品質和數量。

## 完美的情境

這種完美主義會大幅降低付諸行動的頻率。讓我們用運動來當例子，看看如何破解各種情境吧。

一、**地點**：人的行為會大幅受當下處於什麼場合所影響。雖然這麼說，如果下定決心要運動，那麼在教堂、派對或公路旅行中隨時都可以做。普通思維是，上述的情境根本無法好好運動。但這其實不難。在車上，你可以把手放在身體兩側，撐起身體的重量；你可以腹肌用力；你可以在位子上抬起膝蓋再放下。假如你解開安全帶（不建議這麼做），選擇就更多了！我們一家還會在公路旅行的休息站做開合跳呢。

二、**時間點**：你只願意在下午四點以前運動嗎？這樣一來你的選擇就很少了，如果你上班時間是九點到五點，代表你得在上班前運動或是翹班。我雖然覺得晚上九點並不理想，但運動也不會後悔。不理想，總好過不運動。

三、**資源**：對某些人來說，缺乏特定資源就無法行動。唯有健身器材和服裝齊全的情況，你才願意運動嗎？除非你是完美主義者，否則你唯一需要的運動器材就是你的身體。

## 完美的品質

這是大家最熟悉的完美主義類型。這類的人不斷追求完美無瑕的品質，甚至搞到精神崩潰。這個類型傾向的影響不只反映到工作上，還有家庭生活，像是家裡必須維持一塵不染，或是課業表現不能低於標準。

## 完美的量

量的完美主義是指，一旦成果低於某個數字門檻就會很不滿。比方你問我，世界上有多少人受到完美主義之苦，我會答百分之九十五。因為這些人的目標是完美的數量。

大多數人以為完美主義最常表現在追求品質，像是完美的髮型、完美的社交互動、不見灰塵的桌面……而比起品質與情境，有種完美主義類型更具破壞力、也最難察覺到，就是在「大小」上完美的成就。這個面向較少被探討，因為目標的大小並非完美主義最明顯的指標。

**幾乎所有人都會複製旁人的目標大小，因而在無意識下，被訓練成這方面的完美主義者**。任何「正常」的目標從數量層面來看，其實都是完美主義，而幾乎每個人都有這種目標：六個月內體重要減掉三十磅、今年內寫完一本書、年收入要達到六位數、一週讀完一本書……這些目標都有機會實現，但不須懷疑：這就是完美主義，因為凡是低於目標的微小進展都不夠好。過去當我還信奉完美主義，會給自己設定每次運動時間都要超過二十分鐘（最好三十分鐘），少一點都不行。

目標就像撐竿跳：只要低於橫桿就是失敗，高於橫桿才是成功。跳得多高都不是重點，只要超過桿子就好。這種非黑即白的目標觀，本該激勵我們達到、甚至超越目標，但這種策略其實很糟糕，會使完美主義的問題更加惡化。

你聽過有人炫耀自己做了三下伏地挺身嗎？為什麼找不到一個網站專門服務那些想減少三〇%債務的人？有哪個受歡迎的運動課程，保證可以幫你從糟糕身材，改善到略低於平均？

這些進展都很有意義，但你在人生中，可能就是沒碰過**任何一種**。我們最大的錯誤，就是總將小幅成功重新定義為「失敗」。如果成就不夠完整，我們輕則尷尬，重則感到羞恥。長期下來這樣不只不理性，更可能扼殺我們的進步和健康！**完美主義者不會承認微小的價值或進步，他們只看見百分之百的好**。

人們對「目標」的想像總是遠大的，而且有明確的成敗分界。完美主義是種極端，因此真實的「正常」不符合完美主義。這種情況下，極端反而**成為**常態。

大小完美是帶來最多危害的完美主義形式，因為當事人甚至不會覺得這樣有問題。大家在減重時都**被期待**設定減去三十磅、五十磅，或甚至一百磅的目標，沒人會覺得用武斷的數字來當目標是「完美主義」。如我們無法達到目標，就會心生罪惡感和羞愧等情緒，而打回原形。

目前為止，本章都在探討世界上盛行的完美主義標準，探討「什麼是」完美主義，接著該解答**為什麼**了。接下來，我們將看看是哪些潛在原因把我們變成完美主義者。

## 完美主義的前導

完美主義可能是其他問題的症狀，卻會產生更多的症狀。來看看以下四種完美主義的根源吧！

### 不安全感

對自己有足夠安全感的人，通常不那麼完美主義，因為他們的自我評價較正向，這表示他們考慮消極的事情之前會先假設自己好的一面。簡單舉例：如果打靶的命中率是十分之五，他們會認為這表示擊中目標五次，而非打偏五次。不完美主義者不會像完美主義者那樣關注自己的缺點。

青少年時期的我，臉上滿佈青春痘。有個小孩嘲笑我有「鬍子」，因為我下巴長了許多痘子（他真是個正直的好紳士）。就因為這樣，我成為地球上自我意識排名前五的人。我之後膚況好轉，並且遇上許多膚況更不好、卻非常有自信的人，讓我深感驚奇。這告訴我，不須因為外貌上顯而易見的缺陷而有不安。沒有任何規定說，我們必須因為皮膚狀況不完美就失去信心。

假如你因為某件事而不安，要知道，總有一些人面臨相同處境、或更糟，他們卻還是自信而活躍。這會帶來慰藉和力量。

## 自卑情結

自卑情結在Google字典上的釋義為：因為在某方便實際或假想的劣勢，而認定自己各方面普遍不足，有時會有補償性的侵略行為。

一般來說，自卑情結的人對事物有兩種反應方式，極力表現出高人一等（無論是實際上或僅限於表面），或者封閉自我。對於不合邏輯之觀點，這些回應都是合乎邏輯。如果你真認為自己不如人，最合理的反應，就是如受威脅的河豚般膨脹（侵略示威），或如烏龜般縮進殼裡（逃避）。

越是自我貶抑，就越容易過度補償。如果你的個性積極或外向，自卑情結就會使你像河豚；若是被動害羞，就會導向烏龜式的回應。

越是自我貶抑，就越難自處。自卑情結會帶來強烈的負面偏見。每個錯誤都在證實你的感覺，而每個失誤都是一場災難。不安全感和自卑情結令人們對缺點過度敏感。你或許以為，只要夠小心就不會犯錯，但這種想法將帶給你虛假的安全感。唯一真正的安全感，就是了解並接受現在的自己。當你連帶缺點接受了自己，那麼你面對再嚴厲的批判，也有強力的防禦。否則，你對世界呈現的形象就會如龜殼，而躲在下方的是赤裸、脆弱又恐懼的真實自我。

不如他人的感覺出現，通常是你不合理地看待自己，或用不公平的標準評判他人：把他人看得完美無瑕（哈！），或是認定自己低於水平，抑或兩者都有。假如你高估他人，就得讓自己變得完美才能迎頭趕上；假如你低估自己，就得讓自己完美才能產生不落後太多的自我認同。無論如何，自卑情結都是基於不公平的標準，以及對他人的扭曲觀點，使得我們表現得像個完美主義者。

## 不滿足

若你不喜歡自己的人生，你完美主義的傾向就會加重。並不是說所有完美主義者都不喜歡自己的生活，但不滿足的人通常會成為完美主義者。這似乎有點違反直覺：當你希望一切能更好，反而會想假裝一切都已經很棒了。不滿足的人通常都會假裝自己**非常滿足**。

無論面對現實、還是正視缺點，接受不完美的存在並不容易。這種能力有些人永遠學不會。有個問題頗有意思：這些學不會容忍不完美的人，到底該怪罪誰？根據某些研究，孩童的完美主義和父母的管教風格有關。父母對孩子的高標準固然會讓他們提早接觸到這般心態，但我覺得光是責怪父母有失公允。正式的學校教育或許也難辭其咎。

## 打分的機制

成績被用來評斷學生的學習狀況，這個概念本身並沒有錯；然而，當學校學習的所有重點都放在「拿到A」，問題就大了。雖然C應當代表平均成績，但在許多學生和父母眼中，A是唯一可接受的。聽起來很熟悉？這正如許多人訂定目標的方式。我們對學校成績和完美目標的追求，都建立在相同的假設上：理想的結果（例如拿到A或減重五十磅）也就是理想的目標。

此外，學校總是灌輸：付出A級的努力就會得到A級的成果回報。但事實是，A級的努力只是給了我們挑戰A級成果的入場券。當學生們可能出社會、做對每件事，卻只換來面試不通過的F級結果。這可以說是完美主義思考方式的理想孕育環境。

這些問題使我們更害怕、增添不確定性。所有的消極行為和心態，包含完美主義在內，都具有某些好處。根據前面討論過的普遍影響，你能猜出完美主義的主要好處是什麼嗎？

## 完美主義的益處（自認的安全）

完美主義是藉口製造機。只要訂定完美的標準，之後再如何努力都是徒勞。這種把標準訂高的做法，也是對內在潛在的恐懼與懷疑的**回應**。舉例來說，假如我怕自己文筆不夠好，就會拉高標準，讓自己連開始都不願意，例如：**我的初稿要像海明威一樣精煉，又要像莎士比亞一樣機智**。這會讓我連一個字都寫不出來！

**完美主義者享受著安全和保護，不用面對他們的恐懼；而不需要持續成長，是最多人成為完美主義者的直接理由**。這明顯反映在我們選擇完美主義的時間點。你是否注意過，當風險（及恐懼）越高，一個人就越是嚴守完美主義？

多數人更關心的是避免出醜，而不是贏取讚美。寫下《脆弱的力量》的學者布芮尼．布朗（Brené Brown）表示，完美主義就像從不離身的二十噸盾牌，保護自己遠離一丁點傷害。她說：「事實上，這只是讓我們不被看見而已。」[1]假如你不被看見，就不會丟臉，但真的有人能永遠隱形嗎？被看見——甚至面對尷尬，都是人生重要的一部分。

## 潛力無窮，潛力無

對偉大的期許與對於不足的恐懼，兩者互為反作用力，而完美主義成了唯一的解方。你可以在幻想著偉大的同時，仍保護自己不丟臉出醜。在這樣的情況中，不行動更證實了你的偉大潛能。渴望完美代表你擁有很高的標準，也有能力達成（當藉口用完），但這只是讓世界和你自己看不見你的潛能而已。

假如完美主義是一座冰山，冰山在海面上的小角就是對傑出的渴望；而水面下佔總體積九〇％的那部分，則是對於失敗的恐懼。我們把恐懼藏起，同時卻任由行動受制於恐懼。

對於這種複雜的心理狀態，我還有一點要澄清：我們恐懼的不是失敗帶來的真實結果，而是恐懼得不到自己真正想要的事物。

**我們之所以執著於完美主義，不是因為失敗的代價提高，而是因為報酬的重要性上升**。我們越渴望某件事物，就越害怕得不到。許多低風險、高報酬的事情（邀心儀的女孩約會、提升職要求、認識新朋友，或是嘗試新事物）行為，觸發了完美主義。與成功的回報相比，失敗的後果幾乎可以忽略，既然如此，完美主義為何被觸發？失敗由兩個元素所組成。

## 我不喜歡的現實

首先，失敗最明顯的組成元素，就是失敗所帶來的真實影響。假如你沒能成功跳到山谷另一側，就可能重傷甚至死亡。但前一段所提到的例子，就算失敗也不會有嚴重後果。我們會因為被拒絕而心情受影響、變得沒自信，但多數時候這並不會惡化。

那麼，我們為什麼還會害怕這些幾乎沒有風險的行動？答案就是失敗的第二個元素——意義和象徵。假如你失敗了，自然會開始思考原因。為什麼她拒絕？為什麼我不能加薪？我嘗試了一次或十次魔術方塊卻解不開，代表我很笨嗎？

我們害怕這些更大問題的答案。你的上司說你不能升官，為什麼？你或許會認為這代表你不夠好，你的資格不夠，或是你的職涯已經達到極限。突然間，這個沒什麼風險的嘗試對你的自信、自尊給予了致命打擊。

失敗帶給我們的意義更引發恐懼。一旦自己的弱點公開於世，粉碎希望和夢想。這才最可怕！我曾是完美主義者，害怕和女性相處的「象徵性失敗」。一個女生拒絕我，其他女生必然也會！

**完美主義讓我們無須承受象徵性的失敗**。由於低風險、高報酬的機會通常都和我們渴望的成功相關（感情、職涯與社交），所以一次失敗可能會被視為自己在這方面地位的象徵；但邏輯上來說，這不過是機率的結果，完全稱不上是左右人生的失敗（我們在本書的後半部會再討論）。

除此之外，完美主義還有另一個好處——神祕性！假如你未曾嘗試，就無法用實證經驗來確認自己並非世界頂尖。完美主義所帶來的神祕性，讓我們完美的神話永遠不會受到挑戰或推翻。快速思考一下，我們就知道**自己不可能任何事都完美**。因此，完美主義其實沒有任何神祕性，而只有幻象。

無法否認地，完美主義保護自己信心和展望不致受到沉痛的打擊。（否則，完美主義也不會這麼受歡迎了。）由此觀之，身為完美主義者**似乎是**謹慎且負責任的選擇。

對此，我想問你一個或許能改變人生的問題：你真的想要或**需要**這樣的保護嗎？受到保護未必是最好的方式。想想那些在保育中心長大的動物，缺乏了在大自然存活的能力。想想在運動中撕裂的肌肉纖維，恢復後反而更加強壯。保護會使受保護者更加脆弱。

隨著時間過去，完美主義會顯著地讓我們軟弱，過度自我保護，無法面對犯錯和失敗，卻不知道短暫的挫折會帶來長期的成長。概念如下：**假如你能承受不願面對的事物，並讓自己更加堅強，那麼「不保護」反而更好**。

## 你是失控或麻木的完美主義者嗎？

完美主義者時常失控或麻木，有時兩者皆是。

失控的完美主義者永遠不滿足，他們不只好還要更好，對於自己所擁有的、任何人所做的東西永遠都不滿。

麻木的完美主義者，是害怕失敗讓自己生活失去意義的人。他們總是打安全牌，例如看看電視，只做「該做的事」，很少去冒險。

失控的完美主義者最受不切實際的**期望**和**反芻思考**（Rumination，詳見第六章）所苦；癱瘓的完美主義者則最**執迷於自己所犯的錯誤**，**並懷疑自己的行動**。這兩種類型的人都努力想尋求認同，卻反而不斷逃避，或者採取極端的努力。他們都可能碰到那五種類型的完美主義，並在其中苦苦掙扎，我們將在討論解決方式時討論這些分類。

目前，我們已經了解完美主義的意思，又它會如何影響我們。下個章節，我們將揭發完美主義一些更糟糕的後果。

# 第三章

# 學會改變

「追求傑出將激勵我們，但追求完美則會打擊士氣。」

——海芮葉・布瑞克（Harriet Braiker）

我原先將這章標題訂為「悲慘的完美主義」，但這遠遠不足以詮釋完美主義對我們的危害。這種傾向更像毒藥：如果只攝取微量，會有點痛苦，但由於習慣了症狀而渾然不覺問題所在。即使是低劑量，仍能巧妙地傷害我們的人生；高劑量不用說，甚至損及你的身心健康。

一項為期六年半的研究，追蹤四百五十名年老長者，發現有完美主義傾向的受試者，在研究期間過世的機率比其他人高出五一％。[1]也有研究發現，完美主義與較高的憂鬱及自殺率呈高度相關[2]，而這個風險以往卻遭到忽視。[3]

另一份研究發現，完美主義「在憂鬱症的短程治療中，是主要的干預因素，無論是藥物治療（三環抗憂鬱劑）、認知行為治療、人際取向心理治療或安慰劑組皆是如此」。[4]這意味著憂鬱或許不是我們該治療的症狀。潛在的完美主義心態才是造成許多人憂鬱和自殺想法的原因，也是我們該解決的問題。

**心態的價值，在於它如何影響你的行為，以及你對這些行為的感受**。完美主義的心態通常對這兩方面都有負面影響。不過，完美主義可能在哪些方面有所助益，或稱得上是健康的心態呢？

## 完美主義佔成功者的比例

以我個人來看，整個完美主義的概念都是不好的；但我也老實說，事情沒那麼單純。因此，你若問我：「所有的完美主義都不好嗎？」基於目前的定義，我得承認完美主義的某些方面是好的。

心理學家漢麥切克（Don Hamacheck）或許建立了健康完美主義的概念。他在一九七八年表示，完美主義的範疇從「正常到病態」都有，而正常的完美主義就是健康的。正常的完美主義者「能在情境許可下，自在地接受不夠精準的表現」，但病態的完美主義者「無法滿足，因為在他們眼中，自己永遠不夠好，不夠資格滿足」。[5]

但「不夠精準」怎麼會扯上完美主義？完美主義在定義上就否決了不那麼完美的精確度，不是嗎？離題了。

在佛洛斯特多面向完美主義量表中，研究人員與社會大眾都普遍認為，「個人標準」和「組織性」是完美主義的一種正向形式。心理學家格林斯朋（Thomas Greenspon）點出以下原因：

「然而，佛洛斯特等人要表達的是，雖然這兩個分量表反映出一些正向人格特質[6]，且個人標準和憂鬱症有顯著相關，但組織性『似乎不是完美主義的核心要素』。」[7]

個人準則帶來正向的人格特質，且與憂鬱相關，因為它是由以下兩個部分構成：追求卓越，以及高期望。我將會在第五章進一步告訴你，兩者可以、且必須要區分。追求卓越本身完全是好事，問題在於過高的期望。

至於組織性，這甚至可能不是完美主義的一部分——並非所有的學者都同意這個詞的用法。心理學家派區特（Asher Pacht）認為，完美主義無論如何都是不健康的。[8]而格林斯朋簡潔地用所謂的「健康完美主義」來歸納這個問題，他寫道：**「被定義為健康完美主義者的人，從來不是那些會被描述為『真正追求完美』的人。」**[9]

這句話很重要。假如所有人都知道格林斯朋名言裡的事實，那就不會對完美主義如此困惑了。我們依舊困惑，因為追求卓越是通往成功的必經之路。因此，許多人認為完美主義是成功的「必要奮鬥」，在藝術領域尤其明顯。而這關乎我們接下來會在本章談到的部分，即完美主義在各方面的傷害。如果你認為自己必須成為完美主義者，才能達到某種成就，你就更可能將過度自我批評與其他有害的完美主義傾向，視為正常且必要的。但當然不是。

然而，如我們所見，完美主義一度清晰的定義已經變得模糊，且滲透到我們的社會。自稱完美主義者的名人所說的名言，可以讓我寫滿好幾頁。他們似乎都說自己追求卓越，也有些其實說的是一種自我批評的天性，有人則是兩種皆是。在一片不明究理地高歌「我是完美主義者」的自述中，我只找到有兩位傑出的公眾人物區分了完美主義和追求卓越。

「人們說我是完美主義者，但我不是。我是正確主義者，我做事會做到對為止。然後，我就會繼續做下一件事。」

——卡麥隆（James Cameron），《鐵達尼號》和《阿凡達》導演

「我不是完美主義者。我只是追求卓越，要求自己卓越。這兩者是不同的。」

——歐普拉，脫口秀主持人、十度獲選《時代》美國百大人物

我很想改變世界對完美主義的理解，將追求卓越與組織性區分出來（這兩者是健康的），但大多數人仍把兩者納入完美主義的定義。只要接受這個區分，至少我們可以清楚區分「有害」和「有益的」完美主義。我從解決問題的經驗與人生中學到重要的一件事：**最好的起點就是現狀，而不是你一度期望的狀態**。現在，完美主義被定義成擁有這兩個健康的子集合——但假如追求卓越和組織性都被廣泛視為完美主義的一部分，這樣就糟了，因為完美主義不全然有害。

一般來說，一滴毒液就足以毀掉一桶水。但上述情況，有益的完美主義（正如某些人的定義）卻是一滴水，根本不足以稀釋整桶有毒的完美主義。現在我們已經搞清楚這一滴水的意義，是時候來檢視這一桶毒藥了。

## 不做錯＝不做？

假如你是麻木型的完美主義者，那你大概會花很多時間在電視上。完美主義者和拖延者都喜歡看電視，因為看電視的人不會犯錯。這完全是被動行為，是自動化、簡單、不出錯又令人滿足的「勝利」。完美主義者喜歡被動的活動，因為不主動就不可能搞砸。我認為這跟美國人看電視的高頻率息息相關：

- 一八到三四歲的民眾平均每天看電視四小時一七分鐘。
- 三五到四九歲的民眾平均每天看電視四小時五七分鐘。
- 五〇到六四歲的民眾平均每天看電視六小時一二分鐘。[10]

久坐有害健康，[11]但這只涉及身體。這些數據最令人擔心的是，美國人幾乎每天有**超過**五個小時處於心理上的被動狀態，而且隨著年齡，這種情況益發嚴重。這已經不是壽命問題，而是「**這樣算是活著嗎？**」的問題。

被動過活的一個糟糕理由，正是生理限制（例如受傷或老化）。企業家兼知名播客主馬洛（Jon Morrow），出生時患有脊髓性肌肉萎縮症（SMA），頸部以下癱瘓。他別無選擇，只能坐著，但他並不被動。他靠自己的聲音，每月收入超過十萬美元。[12]

「我寧願死在自己想做的事上，也不願死在安養院的床上，死前每天看十五小時電視，周圍都是一群等死的人。這對我來說是最可怕的。」

——馬洛

如果能有個**好**理由，能讓你被動生活，那可能會是「我頸部以下癱瘓」。但馬洛不會這樣說。我不是要批評誰在看電視，電視不是敵人，它只是更大問題的表徵。如果你的完美主義心態讓你不斷拖延、逃避人生，電視就會變得難以抵抗。這種狀況很常見，因為多數人都是完美主義者！

就算問題很多，但還有另一個完美主義的預設好處，那就是「至少它能讓你表現得更好，對吧？」然而一些研究表明，事實可能並非如此。

## 過程導向 vs. 結果導向

以下的研究很有意思。利用佛洛斯特完美主義量表，評量五十一名大學女性的完美主義程度。而後，她們被要求盡可能精準地重述一篇文章，由兩位大學教授（並不知道學生的完美主義程度，因此沒有偏見）進行評分。完美主義程度較高的受試者所寫的文章「和程度較低者相比，明顯得到較低的評價」。[13]

這份研究的樣本數很少，但兩個群體的差異很顯著。可能的解讀是，完美主義程度較低的學生較常練習寫作（造成寫作障礙的唯一原因就是完美主義，而不是缺乏想法），所以培養出較好的寫作能力。另一個解釋則是，完美主義會大幅提高你的意識強度，反而干預了潛意識的運作；這可能會傷害你的創造力、注意力和其他關於潛意識的心智活動。

打籃球時，我通常很放鬆享受。有些時候，我卻會擔心自己沒辦法表現完美。任何有在運動的人，都知道這兩種心態的差異，也都能告訴你，放鬆會表現得比較好。我也這麼覺得，但為什麼呢？

運動的最佳表現來自訓練，人生也是。當訓練累積到一定程度，就會成為本能反應（潛意識的），而你的心智和意識就能放鬆。和緊繃狀態相比，放鬆的心智往往更容易集中，因此比較有效率。

完美主義者反而表現得更糟——這聽起來有些奇怪。問題在於，他們試圖製造一個零失誤的過程，但這有悖於人類運作系統[1]。這使得完美主義更無吸引力，因為「提高表現」照理說是它的優點之一。

我們都希望表現出色，而不是慘不忍睹。為了達成這個目標，完美主義者會運用所謂的「自我妨礙」[2]技巧，讓他們在保有成功可能性的同時，也能貶低自身的失敗。聽起來很棒，但自我妨礙卻有其代價。

## 你要不輸還是贏

你看過有人在失敗後，馬上提出各種說法解釋自己為什麼輸嗎？以前的我就常這麼做。

自我妨礙這個術語，描述了人們是如何刻意妨礙自己（實際上或心理上），以便在失敗的時候能找到一個藉口。實際上的妨礙，像是比賽時讓對手先出發，因為你讓他們領先，結果他們贏了，你就能說是因為他們先出發的；至於心理上的妨礙，則像是你雖然同時出發，但腦中卻在想「我的膝蓋好痛，我好累」，而不是「我要贏得比賽」。

我們這樣做是為了保護自己。這看起來不錯，因為保有成功的機會，而且如果失敗了還可以說「噢，我的腳踝不舒服」。相較之下，完全接受行為的結果，似乎風險太大了。

自我妨礙是一種完美主義的特徵，讓你能為失敗下個注解，卻同時阻礙你成功。這讓你打出人生的安全牌，而不是追求勝利。有數不清的美式足球隊在第四節輸掉比賽，只因為他們打安全牌，讓對手穩步反擊。當然，有些打安全牌的人也能獲勝，正如自我妨礙者未必會輸，但假如你看過奮戰不懈的球隊，就很難堅持安全牌是最好的策略。

國家美式足球聯盟（NFL）的新英格蘭愛國者隊在領先時，會繼續為勝利而戰，而不是為不輸而戰。繼續得分是比利奇克（Bill Belichick）教練的策略。他們因此數度被指控沒風度，因為在勝負分明時依然繼續想拿更多分。這個策略顯然有效，因為在寫

1 Human operating system，描述心靈、身體與現實世界的連結。

2 self-handicapping，又稱自我設限。

作本書時，他們創下聯盟取得半場領先後的七十二連勝紀錄。[14]

我知道這很老套，但人生短暫到不該打安全牌。考量人類的自然壽命不超過百年，我們完全有理由在某種程度上（聰明地）揮灑自己，不計後果地面對世界。這就是不完美主義的精神。你在生命的盡頭，就算能找到不做某些你所愛之事的好藉口，你也不會滿足。

你在人生中，不斷建立這兩者的其中之一：舒適程度，或成長程度。要在某個領域成長，就得面對更高的風險、不確定性和不舒適。絕對沒有其他可能，因為如果成長是舒適的，那你應該早就成功了，不是嗎？我再舉個具體例子。

假如我想要更強壯，為了達成這個目標，我得讓自己不舒服。我必須舉起重物，這在心理和生理層面都是種挑戰。當我用力推拉重物時，我的身體不會好受。在心理上，我對重量訓練的貼切形容是「很煩」。我腦海中不斷有道聲音纏著我，它說：「史蒂芬，放下槓鈴，去打電動吧！」

重訓會破壞肌肉纖維，這種模式正如同我們被失敗，或不舒服的經歷給「分解」。我們會在嘗試與失敗中學到教訓，就像是肌肉在修補後會更強壯。**這不是俗濫**

**的陳腔濫調；在神經學上，定期經歷失敗和不適會使我們的大腦更加強韌**。想想看，一個被兩百個女生拒絕的人，和一個從未遭受拒絕的人相比，誰能更坦然面對下次的拒絕？當然是大腦已經熟悉這個過程的人。

有趣的是，當你望向某些領域最頂尖的人，想想**他們也曾經一塌糊塗**，**或是完全外行**。卓越之路始於平凡。這道理我猜許多人都知道，但我不認為有多少人意識到在我們潛意識中，多少次透過自我妨礙避免了那條崎嶇難行的道路，卻模擬出另一條，看似平坦的進步之路。後者根本不存在。我們試圖為每次摔跤找到藉口，而不是單純接受「誰都可能隨時摔跤，也能再站起來」的事實。

現在就想想你人生中一些重要的面向——學位、事業、健康、體態、感情和人際關係，諸如此類。你是否在這些部分阻礙了自己？如果有，代表你看重這件事。因為只有當你在乎，你才會自我妨礙。比方說，我們沒有必要在點餐時自我妨礙：「我本來想點一份炸魚玉米餅，但我的，呃，我的眼鏡起霧了。」點錯也沒關係，因為這只是一頓飯。（注意：有些人總是盯著菜單再三考慮，或抱怨點錯了，但並不是出於自我妨礙。）

人們會自我妨礙的領域包括：

- 事業和生涯的成就（例如：在工作上三心二意、懈怠，似乎要「留存」最佳的表現，好在未來的某個特殊時空發揮）
- 感情（例如：不認真投入交往或追求對象，或是情感疏離等）
- 社交場合（例如：找理由避免對話，假裝自己不在乎等）
- 個人形象（例如：不表現自己最好的一面，這樣一來，被拒絕時是因為對方沒看到你的全貌）
- 個人健康（例如：因為小病小傷就不鍛鍊。只要有心，這些都能克服！）

讓我們當個充滿活力、對生命充滿激情的人。別再退縮，因為明天並非注定好的。自我妨礙源自於完美主義，預先包裝好的藉口就是這種毒藥的風味，使我們過著妥協的人生。然而，我們本可以努力茁壯、跌倒之後再次站起，然後再次出擊。

完美主義顯然是個問題，但它無法馬上就解決。完美主義是一種根深柢固的習慣。

## 七十億個成功版本

潛意識創造出的行為模式（也就是習慣），構成大約四五%的人生（此數字根據杜克大學的研究成果）。[15] 有些習慣顯而易見，例如上健身房、抽菸、每天早餐吃一顆蘋果，以及在緊張時摸臉。其他則是我們行為中不可見或難以察覺的，例如慣性的思考模式。

完美主義就是這樣一種「隱形」的習慣，是一種系統性的思考模式，告訴你：「完美等於滿足。」但我們會發現，這一等式有個明顯的問題：完美不該等同於滿足。如果完美是你對滿足的定義，那麼你的生活可能永遠都不滿足，遑論美好。

人生之中，我們必須思考自己的地板和天花板在哪。地板指的是，生活需要滿足的明確最低限度，而天花板則是指你最大的潛能和最瘋狂的夢想。若你目前的生活處在地板和天花板之間，那麼你很快樂，因為你擁有快樂所需的最低限度。不用說，你不可能超越自己的天花板。否則就不叫天花板了。

完美主義的問題在於，它使你的地板變得「完美」。**這種想法會讓你沒有天花**

**板。地板同時也是天花板，因為完美是無法超越的**。即便我住在四坪多的「迷你工作室」，但這對我來說還是太狹窄了！

完美主義者傾向於這種思考，但我們必須理解，驅使他們的根源是其習慣性。由於完美主義是我們感知世界的慣性模式，我們就必須從神經學的角度來看，而不只是抱持著「你做得到」的想法。

## 是什麼讓改變更容易？

讓我們暫時撇開完美主義，先去解決一個嚴肅而相關的問題：我們該如何改變？本書的最終目標是幫助你成為不完美主義者，但策略跟大多數的書不同。某些書告訴你要「解放」或「放手」，卻沒有提到具體可行的策略，你該對這些書的價值抱持懷疑。它們讓你感覺良好，但如果你的大腦看完書沒有任何變化，那麼你這個人也不會有。關於這種書的激勵作用，我不會說絕對不可能帶來持久的改變，但至少機率很低。

如果你已經讀過了《驚人習慣力》，那你應該很清楚「把動機當作行動策略」的問題，那你可能會想跳過以下部分。但以下有些新資訊是《驚人習慣力》裡沒有的，總之，因為這些很重要，多複習一次也不為過。這部分會解釋，為什麼改變之道（第四章末會提到）將會是拆解成許多「行動優先」的微小習慣。

## 提升動機法的漏洞

強化動機這一種最普遍的方法有個致命缺陷：這是一種「稍縱即逝」式的策略，而轉變並不會很快發生。我在《驚人習慣力》寫到，若想產生持久的變化，就要給大腦足夠時間反覆運作，重新建立神經迴路。若是省略這個過程，大腦和行為很容易打回舊有的模式。

你是否試過「找到動機」，去做一些生活中積極的事情？如果要我用一個詞來描述「找到動機」，我會說這**是情緒操縱**。你本來覺得某件事無聊，卻想對它充滿興趣，這樣你就會有作為。對於許多任務來說，這表示你在行動之前都要先考慮行動帶來的好處。

無論有什麼好處，目標都是因要改變你對行為本身的感覺。這有可取之處，因為當你發自內心行動，事情就會變簡單，自然而然不需要太多意志力。但這並不明智，因為這種方法不**總是**有效。就舉某些談完美主義的書為例，「你已經夠好了」或「你的表現很棒了」這類訴諸情感的鼓勵，可以暫時使讀者放下對完美主義的執著，讓他們感覺自身強大。不過，這種解決方式並不持久。

「獲得動機」始於你的思考。為了說明這是個錯誤的起點，讓我們接著談談情緒、動機、行動和習慣相互之間的關聯。

## 區別情緒、動機、行動和習慣

情緒會激勵我們行動，但反之亦同：情緒也會伴隨行動而來。行動讓我們有所感，然後感覺讓我們有行動。世上多數人關注的是「感覺如何驅使行動」的事實，卻少有人注意到「行動如何引起感覺」，進而激發出更多行動。

舉例來說，想像有一對恩愛的夫妻，他們對彼此有強烈的情感，這種感情使他們想要親吻對方。這是我們最常看到的因果：情緒轉化為行動。

有個故事是這麼說的：有個男人告訴妻子他想離婚，因為他已經不愛她了。她很難過，但在簽離婚協議之前，她要求丈夫每天早上都將她從臥房抱到大門口，就像新婚當天把她抱進房間一樣。對於這個奇特的要求，他一笑置之，同意了。但日子一天一天過去，抱著她的行動提高了他對她的親密感，於是愛苗重新點燃，他們也就繼續在一起了。根據Snopes.com網站，這個故事只是個傳說，[16]但其中的概念卻再真實不過：我們的行動會大幅影響感受，影響力十分強大，甚至不管你的意願如何，改變最終都會發生。

人們總愛說，愛是行動而非情緒，但其實愛兩者皆是，並且這兩者傾向於「自動對齊」。當你表現出愛，你就更能感受到愛。但當你感受不到愛，你就不太可能表現出愛。我們可以從中學到什麼？有許多結果都支持，從行動開始才是最好的策略。

社會心理學家柯蒂（Amy Cuddy）在她的實驗中，讓其中一組受試者擺出高權勢姿勢（high-power pose），另一組則做出低權勢姿勢（low -power pose），各維持兩分鐘。高權勢姿勢組的受試者抬頭挺胸站立，雙手插腰或前伸（張開雙臂，佔據較多空間）；低權勢姿勢的受試者則雙手抱胸，無精打采（封閉、侷限，佔據較少空間）。

僅僅過了兩分鐘，高權勢姿勢組的平均睪固酮濃度就上升二〇％，皮質醇濃度則下降二五％。和低權勢姿勢組相比，高權勢姿勢組更願意冒險和採取強勢態度，而降低的皮質醇則會減輕壓力和焦慮。至於低權勢姿勢組，他們的姿勢帶來相反的效果：睪固酮降低一〇％，皮質醇升高一五％。[17]

「兩分鐘就帶來荷爾蒙的改變，讓你的大腦要麼強勢、有自信又自在，要麼充滿壓力、動彈不得。」[18]

——柯蒂

這一是個強而有力的科學證據，表明就算是簡單的行為，也會透過化學作用來深刻影響我們的感覺。甚至有更直接的證據顯示，行動之於我們的感覺（與提升動機）方面，是更優越的策略。前文提到的杜克大學期刊研究就指出，受試者由行動引發情緒變化的可能性，幾乎是由思考引發的兩倍。[19]

稍早我們討論了感受和行動，而此研究談論的是**思考**和行動之間的相互影響。**思考是人們在「獲得動機」策略中試圖改變自己感覺的標準方式。這些人不會試著行**

**動，直到自己處於某種精神和情感狀態，讓行動對他們充滿吸引力。**

另一個問題是：試圖根除的那些情緒會打亂思考，因此改變情緒會變得十分困難。這就是人們總是缺乏動機的原因。如果本身就沒有感覺，那改變就不會像是找到動機或是思考目標這麼簡單。這種方法可能有時有用，但不會每次都有用。

先行動其實更能產生動機，但不幸的是，找到動機的策略卻如此流行。對於由動機驅使的人來說，這其實是無效的。因為他們有個錯誤的前提，即「沒有動機，我們就不能行

圖1　行為的動力來自何處？

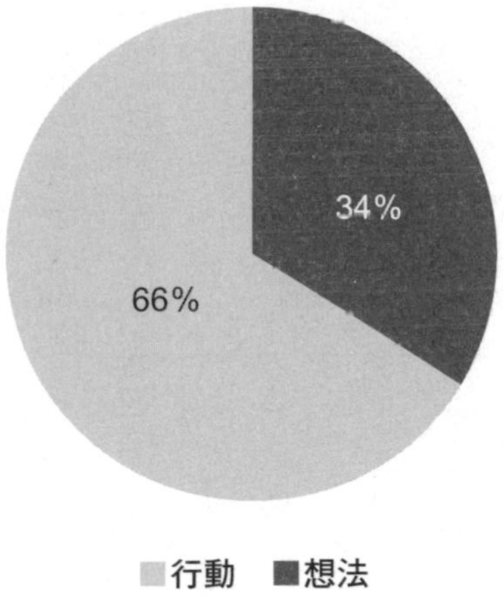

動」。此外，我們還有意志力，能讓我們一面對抗情緒、一面行動。如果意志力驅使的行動是我們能規律達成的，那麼這也就符合數據，是在某一領域得到最大動機、最多行動的絕佳起點。

**行動本身，就是更多行動的最棒起點。而試圖透過思考來獲取動機，卻是創造推進力的無效方式**。此外，「獲得動機」的策略是預設你總是**需要**獲得動力。假如你的最終目標是提高訓練的動力，但你工作一整天之後，卻連動力都不想要有，這怎麼辦？「獲得動機」是一種試圖在你的無力上出發的策略，但在有力之處出發會比較好。

當你就是沒有行動的動力時，你還能有什麼力量呢？這就是人們停滯不前的理由。事實上，你可以用微不足道的意志力向前邁出小小的一步，或是完成一個「微小目標」，就能創造一個讓自己有力量的位置。《驚人習慣力》的基礎，就是將這個過程轉化為最強大的「從應用到模式化」的習慣。

有些人會認為，我們至少會需要一點動機，才能執行除了本能反應（例如呼吸）以外的任何事，而事實確實如此。但這不是我們所討論的動機類型。動機有兩種截然不同的含意，我們只需要其中一種就能夠採取行動。

## 動機的兩種類型

你知道嗎，我們可能有寫書的動機，卻不會有在書中寫下內容的動機，為什麼？前者代表了一個寫書的大致理由和渴望；後者則是即時動機，會根據你所處環境以及情緒狀態而有極大差異。我猜我們都有同感：很渴望實行某一件事，卻在真正行動時改變了心意！

我們**不**需要的動機類型，就是會變化起伏的那種。不斷的波動性正是它不可靠的原因。如果你曾經做事情虎頭蛇尾，那你應該就知道，這種波動的動機會如何扼殺你的目標。

我們時常聽見，人們討論動機時會將之視為單一的概念，因為人們將做某件事的理由視為他們**想要做某事**的情緒。我並不是要抨擊這一邏輯。畢竟，我們想飛行的理由，或許就會帶給我們坐進駕駛艙的動機。這通常有效，但請想想我們剛討論過的。

如果一件事是否可行，得仰賴你做某件事的出發點和與當下內在動力之間的連結，想想看，一旦你現在缺少了情緒，就得去**思考：為什麼**我該去寫作、運動、打掃或冥想。不過上述的研究已經指出，最強而有力的連結存在於情緒和行動之間，行動改變情緒的可能性是思考的兩倍之多。這不**表示**以行動出發一定會更好，但多數情況是如此。

柯蒂的研究說明了身體對肢體語言所產生的化學反應。行動比思想更能在我們身上產生強大、**可靠的**情緒反應——我們身邊都有許多實際案例可以依循。雖然我們每天經歷的想法比行動多，但在研究中，行動對情緒仍有兩倍的影響力，足以證明行動和情緒之間的連結是較強的。

相信「**只要有理由，渴望自然隨之而來**」這種獲取動機的方法每次都能奏效，這太過天真，而且違背了人性的情緒無常。我們不該低估了壞心情、焦慮或懶散這類情緒的力量。這麼說吧：當我們把情緒當成行動的決定性因素，你就會成為情緒的奴隸。你會嘗試各種激勵情緒的技巧，但最終，你的成果就會跟你的情緒一樣不可靠。

看看「追逐動機」的大流行，你會發現一切令人玩味。根據暢銷書排行榜，勵志類是亞馬遜網站非小說類第七受歡迎的類別，也是自助書中第二熱門的。[20]（但亞馬遜沒有「意志力」、「紀律」或「循序漸進」這種分類）這種有缺陷的思維方式實際上相當普遍。放眼望去，到處都有人在尋求或傳授獲得動機的技巧，這讓我有些難受。

成功改變自己生活的人都能理解：當你開始做一件事情，你的情緒就會隨之有變化。

**永遠要記得這一點：**透過行動來改變思考和情緒很簡單，透過思考和感受來改變行動卻非常困難。

## 習慣會耗盡你的動力嗎？

基於動機的行動本身還有個問題，那就是它與習慣本質上是不相容的。前面提過的德州研究發現，人對被慣性行為引發的情緒，明顯少於非慣性的行為。當一種行為重複，我們的潛意識會辨識出這一模式，強化特定的神經迴路，使我們對該行動的情緒反應降低。這對我們來說很直觀，畢竟有什麼比初吻更令人動心？有什麼比人生第一片披薩更美味？甚至連第四片都遠遠比不上。重複是我們學習的方式，但隨著新鮮感的消退，我們對於行為的情緒也會隨之消散。當然也有其他因素會導致情緒變化，但在其他條件固定不變的情況下，習慣會降低你的情緒。

想像一下，有個人站在情緒驅動的浪頭上，試圖養成一種習慣（比如新年新目標）。他們走得越遠，動機的波能就越微弱，直到僅能依賴意志力前進，否則就只有放棄了。這可以合理解釋，人們為什麼常在一至六週後就放棄了新的目標。在那個時間點上，行為轉向潛意識的過程可能正在進行，正如情緒（和動機）正同時在減弱。

如果你想讓改變持續，那你就得在某個程度上忽略動機。這不是說動機沒有價值。正好相反，動機和習慣都是創造美好生活的必需條件。我們嚴格探究，為的是找到破解完美主義的起始策略，因為想創造理想的改變需要可靠的起點。

我們剛剛探討了為什麼面對完美主義，必須採取行動優先的策略。而成功的改變還有另一個條件：針對性的配套。如果為了練出腹肌，而隨便做運動，那你可能只是在浪費時間。你必須知道哪些行為會練出六塊肌。

持續性是這整個概念中比較困難的一部分，因為解決的配套總是顯而易見：保持身材，就吃健康的食物和運動；想專精滑雪板，就練習滑雪板。但完美主義是如此抽象而複雜，我們很難直接想像出解決的配套。我們不能只是說：「試試看別那麼完美啊！」說比做得簡單，而且這也不包括**解決的**配套。

本書的後半，我們會結合這兩個改變的因子，並探討針對完美主義問題的行動優先策略。下一章將討論不完美主義心態帶來的自由。有趣的部分開始了！

## 第四章

# 不完美主義的進程

「無論前進得多麼緩慢，都還是領先了呆坐在沙發上的人。」

——無名氏

不完美主義是種自由，因為那才是自然的狀態。人類生來就是如此。完美主義的架構則是人為的，會限制、僵化我們的行為，以符合某個不合理的標準。

不完美主義**並不是**懶散、低標準、滿足於失敗、不求卓越或進步。不完美主義的旨意在於追求人生的美好，而不期望完美（當然也不要求）。不完美主義重視的是去做，而不是做好——這當然不排除把事情做好，而**只會消去對於「做不好」的強烈恐懼**。

不完美主義的前提（這是重點）就是，較低的標準並不等於較差的結果。一個常見的錯誤假設就是，追求完美會讓你更接近完美。但相反的假設才是正確：接納不完美，會讓你比完美主義者更接近完美。前文的一篇研究就表明，完美主義的學生在寫作測驗的表現上大幅落後其他人。

更進一步說，接受不完美並不是要你想著：真不幸，我為了人生，竟然還要接受這種心態。你如果將不完美定義為一種必要之惡，那它對你就不會有幫助。更好的方法，是將你喜歡這種生活方式的理由進行內化。擁抱不完美主義的人往往能成長茁壯。

這並不只是一個封閉的、單一的人類問題。不完美的美好就發生在我們周遭。例如，鑽石切割琢磨為美麗的寶石，卻也曾是一團醜陋的碳。碳如果長年承受極端高溫和壓力，就會形成鑽石。你的努力就像高溫和高壓一樣，會讓平凡無奇的碳變身為世界上最名貴的石頭。這不只需要大量努力，也需要時間和堅持，才能逐漸接近卓越。完美主義行不通，因為它建立在一個有缺陷的概念上（也有點諷刺），即偉大成就總是會在第一次嘗試時就瞬間發生。

**成為不完美主義會有這些主要好處：減少壓力、在多數狀況下都能積極行動、取得更好的結果。一個人越是無懼、自信、自由，就越能擁抱人生的不完美。**若希望生活中發生更多好事，就得從現在開始前進，就算爆胎、車架生鏽、車燈壞了都一樣。只有前進，你才能看到新的視野，打開新的可能性，並得到更多的成長機會，自在享受人生。

## 單身貴族的例子

如果你全然接受自己的不安、弱點和錯誤，你的生活會是什麼模樣？發揮想像力，在你素來嚴格要求自己的某個方面，**感受**不完美主義帶來的自由。若現在腦中已有畫面，就能了解這瘋狂的吸引力：

你就在這裡。你完全意識到自己的問題，但這並不令你困擾。你發現自己處於一種你曾經會信奉完美主義的典型狀況下，但這個版本的你，現在卻是無憂無慮。有些部分出了錯，但你反應平靜。現在你根本不受這些事干擾：別人的評價、犯錯、被拒絕，也不執著於完美的決定或表現。這樣的你不會緊張焦慮，用一種平靜、專注而有效的方式來完全放鬆。你在派對上，跳了一段沒人看過的舞步。（這需要很大的勇氣，但你沒有「三思而後行」。）

不完美主義者活得很充實。雖然他們因為不造作也不迎合而得人緣，但有時也會招來妒忌。不完美主義者有顯而易見的缺點，卻仍有勇氣積極而自信地活著。他們會讓人不禁這麼想：這個人雖然有○○○的毛病，卻依然○○○（自信、風趣、成功，諸如此類），我應該也要跟他一樣，卻辦不到！

我以前是個單身的完美主義者，看到情侶時就會心想：她竟然選他？明明我的身材更好。那傢伙？我更好看！他？他看起來很無聊。我忌妒有愛人的所有人，但我只是旁觀者，沒有為了認識對象而有半點作為。理由很明顯，就是我害怕不完美的現實，害怕讓自己暴露其中，承擔風險。我坐困愁城。

接著，我下定決心轉為當一個單身的不完美主義者（轉換的方法皆在本書中）。這分成兩個部分：滿足於單身狀態，以及接受和女性的不完美相處和對話。我沒有做出完美的舉動，甚至做得不太好，但我行動了，而且發現其中樂趣。我那時剛到新地方生活，我主動邀約前三位女性的結果，告訴我這個過程不會太順利。

- **第一次嘗試**：她有男朋友了。我試著表達友善，對她說「祝你們開心」。史蒂芬，你認真嗎？
- **第二次嘗試**：她是女同志，在我面前吻了她女友。
- **第三次嘗試**：我在繁忙的健身房裡提出邀約，她已經結婚了。

我現在還是單身，但在成為不完美主義者後，有了更多認識女性的機會，也約會過**許多次**。最棒的是，我獲得了自由，不需要靠著與別人交往才能得到滿足。你是不完美主義者的話，感受到的限制就會減少，也能更輕易享受你的不完美人生！

## 不完美帶來真誠人脈

如果我想要沒人喜歡我，就會說：

> 我的文筆完美地反映了英文之美，我是世界上最棒的作家。

當有人大肆自誇，反感是很正常的。但為什麼這是我們的自然反應，而不是給這樣說的人一個擁抱？因為自詡完美的人感覺不真誠，甚至可能威脅到我們的自尊。這句話提醒我們的不完美之處。即便如此，我希望你在看完這本書時，已經不介意被這麼提醒了。

那麼現在，如果我說的是下面這段呢？

> 我會盡全力傳達訊息，為你的人生帶來一些價值。為了讓本書值得你花時間閱讀，我寫作時做了很多研究和努力。

跟第一個例子相比，你們是不是比較不想打我一拳？這個版本比較真誠、誠實，允許有不完美的空間。我們如果表現出謙遜，而不去假裝完美，就會更有親和力。

我要問個有趣的問題：兩者之中，哪一個會讓你對這個作者更有信心？邏輯上來說，有人可能會覺得自稱「完美」的作家會寫出更好的書，但多數人正好相反：這人一定是騙子！諷刺的是，當我們想表現出完美，往往只會有反效果。

從歷史的角度來看，過度補償通常會聯想到欲蓋彌彰。你或許聽過「snake oil salesman—蛇油推銷員」這個詞的典故，這已經成為詐欺犯的代名詞。假如今天真的有人想賣蛇油給你，你可能會因為他們跟詐騙相關，所以拒絕他們。但事實上，中國的水蛇油含有二〇%的二十碳五烯酸（簡稱EPA），[1]是人體可吸收的兩種ω-3脂肪酸之一。我們都知道鮭魚富含ω-3脂肪酸（EPA和DHA），水蛇油的含量更勝鮭魚。

研究顯示，ω-3脂肪酸對健康有很多好處。[2]這麼說來，中國水蛇油有其價值，卻由於不肖商人的吹噓而聲譽受損。蛇油推銷員通常會宣稱這是萬靈藥，甚至會在觀眾中安排「滿意的主顧」。[3]有些銷售員會稀釋蛇油，甚至販售贗品。很快地，消費者就對他們（以及蛇油本身）失去了信心。

過度補償是「意圖隱藏某些事物」的心理指標。這又再次提醒我們，不應該努力維持完美的形象！

如果我們能真誠傳達出**努力比完美重要**，反而會更有親和力。這句話值得設為座右銘。事實上，這句話是完美主義的概括解方。當你和完美主義與拖延奮鬥時，提醒自己：「先試試，看事情會如何發展吧！」

人們相信與自己相關的事物，而做出不完美行為的不完美主義者，其實就是每一個人的寫照。你是否注意到，受歡迎的演講者通常都很謙卑？他們都很少自誇，反而更喜歡自嘲。如果想和聽眾建立連結，這樣做的效果會更好。

無可否認，自誇也可能留下好印象，但前提是聽者要先在情感上接受你（否則只會引來反感）。此外，你如果淡化了自己的成就，或是由別人來說你的好話，你會讓人更印象深刻。也因此，演講時常會由主持人來介紹講者、提及講者的成就。如果講者走上台，就開始對觀眾細說自己的能耐，多數人自然會聽不下去。

謙卑是一種心理指標，這個態度和蛇油銷售員正相反：不張揚成就的人，反而顯得更有成就。這帶給別人「他們也有過那種境地」的印象，他們不需要自吹自擂，就能證明自己的價值。

如果你想更有親和力，就別試圖表現得完美無瑕。坦然面對你的弱點，不用太多掩飾。事實就是這麼簡單：不完美反而更讓人喜歡。

## 接受弱點，進步更明顯

不完美主義者的進程分為許多階段。每個階段，完美主義都可能介入，壞了好事。追求不完美與成功的完整循環，會像是這樣：

1. 不完美的思考和想法
2. 不完美的決定
3. 不完美的行動
4. 不完美的適應
5. 不完美但成功的結果

我將舉一個我自己的真實例子，告訴你完美主義是如何在各個階段，差點阻止了我人生中最美好的事發生。

1. **不完美的想法**：我要不要試試看開始寫部落格？
缺點：幾乎沒有部落格可以賺錢。我還是需要上班，這可能只是在浪費時間。

2. **不完美的決定**：就算有些遲疑，但我現在就要開始寫部落格了。
缺點：我不知道從哪裡開始寫，我沒有經驗。

3. **不完美的行動**：我知道第一步該怎麼做，先在 deepexistence.com 網站註冊網域名稱。現在，我要學習如何安裝 WordPress，選擇風格主題，寫作並發表文章。完成了。接下來，我要去別人的部落格寫一些客座文章來增加流量。多麼刺激啊！
缺點：這個學習過程很花時間，我已經改變了好幾個主題，而且我早期的文章寫得不夠好。

到了這個階段，當你開始行動，你內心的完美主義者會變得**比較**安靜。這是因為現實的發展，通常比完美主義者預測的要好上十倍。你可能會像你想的那樣，時不時意識到一些瑕疵，但有趣的是，當你在這種狀態下，瑕疵看起來就不怎麼重要了。

4. **不完美的調整**：我創立了部落格，但沒有成功。經過兩年努力，我只有四百四十個電郵訂閱者，表現遠不如許多同行花同樣時間達到的成果。我不確定部落格的設計，也不知道這個市場定位是否太廣泛，此外還有許多的問題。

我不放棄，而是根據學習到的事物來適應調整。我再次改變主題，縮小焦點（聚焦在專注與習慣養成的主題），增加我的寫作產能，改變我客座文章的策略。

缺點：我好像失敗了，部落格的表現相對較差。

5. **不完美的成功**：如今，我實現了夢想。雖然部落格沒辦法直接養活我，但它是卻是我發表產品（像是我的書、課程）的平台，而這些產品會在經濟上支持我。更棒的是，這些產品幫助其他人過得更好，這是我人生中最有價值的部分。

在創造一個優秀部落格的掙扎與過程中，我也成了更出色的作家、行銷者、研究者、策略家和編輯。我相信，這是《驚人習慣力》自出版以來不斷暢銷的關鍵點。透過這些改變，我已經吸引了超過九千四百名訂閱者。

這花了一些時間，我**六度**想要放棄，你也能看出過程中有多少不完美。各個階段都有瑕疵，我何時都可以因為不夠完美而放棄。到今天都一樣不完美，但這是好的，我堅持不懈！

仔細回顧，人生不正是這樣的過程嗎？沒有所謂完美的計畫，沒有完美的情境，因為生命本該是如此。雖然事先規畫很有幫助，但去適應多變的情境和問題也一樣重要。重點在於，你會不斷受到不完美的影響——從你自己、世界，或是他人之中的不完美。

這是不完美的求好過程，不過，不完美主義者的心態又是如何？是何種樣貌？我會在下一部分討論。

## 如何成為不完美主義者

我們已討論了完美主義的背後成因及其影響，以及為什麼選擇當不完美主義者會活得更好。我希望你對不完美主義者的概念感興趣，因為後續章節談的是達成的具體方法。首先，我們要先看看不完美主義的支點，這對**所有**類型的完美主義都有益處。

之所以從概括性的觀點開始聚焦到具體的解方，是因為完美主義的問題存在於多個層面。你可以將完美主義當作日常的思維模式，也可以只針對特定事件，例如當你在需要認同、或反思過去的時候。

### 留心每個轉變

槓桿是一根「固定於支點上的棒狀物，對一端施加壓力，能移動另一端沉重或被鎖死的物體」。[4]這個原理讓你就算沒有幫手，也能用小小力氣來移動物體。接下來要提到的觀點，就像不完美主義的槓桿，因為這會比試著用「直接暴力」的策略來建立現實標準的作法簡單。這就是不完美主義心態的「支點」。

**支點：完美主義和不完美主義取決於我們在乎什麼**。下列清單顯示出，要成為不完美主義者，你應該（與不該）在乎哪些事。若你遵循以下建議，我保證你會生活得更快樂：

- 別太在乎結果；要更在乎過程中的付出。
- 別太在乎問題；要更在乎問題的進展。假如必須解決某件事，那就專注找出方法。
- 別太在乎他人想法；要更在乎你想成為什麼人、想完成什麼事。
- 別太在乎有沒有做好；要更在乎有沒有做。
- 別太在乎失敗；要更在乎成功。
- 別太在乎時間；要更在乎任務本身。

**一般來說，不完美主義者背後的思想，就是別太在乎情況或結果，而更在乎當下能做什麼來使自我與人生進步**。請思考：

社交焦慮的人，其實比大多數人更在乎社交互動。他們非常在乎社交活動順利與否，也因此他們需要常常避免社交。由於太在乎他人對自己的印象是否良好、交流是否順利、以及其他問題，他們面對社交場合時往往會非常不自在。

憂鬱的人比誰都想壓抑負面的想法。有天，文學家托爾斯泰的兄弟叫他坐在牆角，直到他不再想著白熊為止。過了很久，托爾斯泰仍然坐在原地，心裡只有他應該不去想的白熊。很多研究重複了這個實驗，都發現一樣的結果：如果一個人禁止或試圖擺脫某種想法時，該想法卻會回到腦中，而且變得更一致且持久。那麼，解決方法就是允許消極的想法，但別在乎它們。麥克哥尼格（Kelly McGonigal）博士在《輕鬆駕馭意志力》（*The Willpower Instinct*）中寫道：「研究顯示，你越是試著壓抑消極的想法，反而越容易陷入憂鬱。」[5]

神經緊張的考生比我**還要在乎**考試成績，而這種緊張可能會影響他們回憶學習內容的能力。

談到緊張，我一度健康、平靜的生活在某天早上急轉直下。我被蜘蛛咬了，引發連鎖的事件，讓我去了急診室三次，更糟的是，我的心態開始崩壞。被蜘蛛咬了以後，我每一種感覺都放大了。我開始在乎健康問題，結果這突然演變為嚴重的廣泛性焦慮與健康焦慮。我會在床角劇烈顫抖，不理性地擔憂著，為了自己的焦慮而焦慮不已。

我現在則像水母一樣平靜，因為我終於學會不去在乎那種毫無來由的緊張焦慮；我學會不去在乎自己一直很焦慮。我知道發生的事情，但我不在乎。這種淡然卻幫助我逃出深淵！

一般來說，給別人「停止在乎」的建議很危險。但如果淡然用對地方，就會極好地改變生活。正確的用法就如前文的在乎清單，複習一下：

- 別太在乎結果；要更在乎過程中的付出。
- 別太在乎問題；要更在乎問題的進展。假如必須解決某件事，那就專注找出方法。
- 別太在乎他人想法；要更在乎你想成為什麼人、想完成什麼事。
- 別太在乎有沒有做好；要更在乎有沒有做。

- 別太在乎失敗；要更在乎成功。
- 別太在乎時間；要更在乎任務本身。

這是我們的大方向。不完美主義意味著不那麼在乎某些事，因為當你越不在乎，你在那個領域就會越放鬆。當你**放鬆**時，就表示你沒有太多焦慮或干擾，你會感覺腦袋清明、準備集中注意力。這表示你會有更多的心理資源可以使用。

現在，我們要來討論完美主義五種子類型的解決方式。假如你擔心沒辦法好好記住，大可放心。本書所提出的解方，都將重點歸納和「縮小」（成為容易上手的微小習慣），並列入應用守則中。

# 第五章

—完美主義的五個分區—

# 不實際的期望

「當一個人的期望歸零時，才能真正感恩自己擁有的一切。」

——霍金，物理學家

## 不期待不傷害的科學實證

完美主義與不完美主義，兩者都對情緒都有很強大的影響。完美主義會創造出罪惡感、焦慮、自卑、低自尊和煩躁易怒；不完美主義則帶來滿足、快樂、喜悅、冷靜，以及健康的自我價值。

哪一種比較好？答案相當明顯，但誰說事實就是如此？我當然可以說這是事實，接下來會將詳加解釋。

我們的情緒主要來自於期望。一般來說，當事情滿足或超出你的期望時，你就會有一種正向的情緒，反之亦然。這是簡單而真實的道理。

心理學家卡爾佛（Carver）和夏爾（Scheier）的自我調適控制論模型（cybernetic model of selfregulation）指出，「行為與結果符合自我目標的程度差異，因而產生情緒」。[1]同樣的概念也適用於「期望」，它本質上是自我目標的簡化版。額外的獎金令人欣喜，而意外的帳單則令人煩惱。

完美主義經常是人們憂鬱、甚至自殺的原因，因為現實跟完美的期望相比簡直爛透了。許多人試著改變自己的情緒，讓自己更正面，但前文提過，我們難以「直接」改變情緒。為了更加樂觀，改變**導致**這些情緒的根本原因，會比直接針對情緒有效許多。

最有效的改變策略，就是將目標鎖定在過程的開端。例如，如果你想少吃餅乾，就應該從超市購物開始，而不是等到食物櫃已經放滿之後，才準備靠你的意志力。同理可知，**假如你想改變對某件事的情緒，你就該鎖定你的期望，因為這是個前兆**。

期望並非有形之物，也無固有之意義。它是浮動的儀表，告訴我們事情**應有的**發展。期望可以很明確，也可以有彈性（例如，你可以期望拿十八分，或期望拿十五分到二十五分之間）。當現實超乎原先的期望時，我們欣喜若狂；當現實落後最低的期望時，我們會掉進漩渦。我們失望或喜悅的程度，都與最初的期望相關。下面這個簡單例子將告訴你期望的力量，以及它如何塑造我們的情緒。

變得有錢，剛開始會讓人更快樂，但研究顯示，這種效果會隨著時間遞減。這是因為隨著金錢的增加，人的期望就會增加，甚至對賺錢這件事的期望也會增加。如果A預期今天賺十美元，最後卻賺了一百美元，那A自然會很開心；而B預期今天會賺一千美元，最後卻只賺了一百美元，則B當然大失所望。這兩個人都賺了一百美元，卻有完全相反的情緒反應。

## 普遍期望與特定期望

好吧，其實沒那麼簡單。人們有兩種期望，普遍的和特定的。你如果想趕快知道結論，我告訴你：**最好擁有較高的普遍期望（為提升信心），以及較低的特定期望（為提升韌性與信心）**。

普遍期望，是你對自己的整體期望，是你生活中的天花板。如果你很低落，那你的普遍期望也會如此；如果你很樂觀、積極，那你的普遍期望就會較高。換句話說，較高的普遍期望代表你很樂觀，但這不適用於任何特定的情境或事件。普遍期望過低之所以是個問題，並不是因為它造成一個你無法超越的天花板，而是因為它讓你**不想嘗試**去突破。

此外，我們也會有特定期望，用於面對我們每天接觸的事物：社交、工作、駕駛、運動等。例如，你準備參加派對，就會對社交活動有特定期望。然後問題就來了——完美主義會毀了你的派對。

受完美主義所苦的人，他們的普遍期望、自信與自尊通常比較低落，**因為**他們有極高的特定期望，卻鮮少獲得滿足。例如，他們心中的社交標準可能接近詹姆士·龐德的電影場景，因為社交完美主義者想要每一次互動都順利、舒暢，而且……完美。由於他們很少（通常是沒有）達到這個特定的標準，所以自信與普遍期望也就降低了。

這造成了一個惡性循環，因為他們一旦與人交談（甚至在開口前），期望就會馬上破滅。他們會說錯話、表達錯誤，沉默太久或話太多。話題太無趣，他們會開始冒汗，他們會太緊張，或者對方也很緊張。眼神交流可能會尷尬，總之他們會注意到任何微不足道的缺陷。

我們可以由此看出，低普遍期望與高特定期望為何讓我們陷入困境。過高的特定期望永遠無法滿足，因此使普遍期望降低，一切只會變得更糟。但如果整個情況反過來呢？若在社交完美主義者選擇較高的普遍期望，以及較低的特定期望呢？

這種狀況下的普遍期望是正向的，表示他們會有信心，認為生活會有好事發生。

但他們對社交的特定期望較低。我的意思是，他們曉得生活中可能會有許多不完美的事，也接受任何特定事件都可能變得更糟。

想像一下，有個人在談話中不小心打嗝，他說「不好意思」就一笑置之，接著繼續說下去。這種「可怕的事件」比正常對話更能緩解氣氛，因為這讓大家有機會笑一笑。旁人若是看到這個人面對尷尬時如此從容，自然也會跟著放鬆。所以經歷了這一個充斥著不完美的夜晚，這個人度過了美好時光，而且普遍期望進一步提高了。這不表示這個人有絕妙的社交技巧，他只是控制了特定期望，不把自己的希望寄託在任何時刻、談話，甚至是這整個社交之夜。

你發現差別了嗎？對單一事件不抱期望、或抱持低期望會帶來信心，因為問題和錯誤都不會讓你不知所措。當問題發生，你會憑藉你一貫的高度自信來化解，而不像風中的樹葉般飄搖，被一點點不完美給帶離正軌。

諷刺的是，對於社交期待越大的人，卻反而也是貢獻最低、收穫最少的人。這就是在一個不完美世界遇到一群不完美的人，卻仰賴完美主義的結果。把完美主義者放在這地球上，好比把鉀放入水中，馬上就爆炸了。

不完美主義並不是人為的概念，也不是一個讓人快樂的「小技巧」。要知道，完美主義才是不切實際、荒謬的那一面——能夠把任何事做到完美的這種想法，完完全全違背了邏輯、人類歷史，以及世上每一個人的經驗。

在特定期望與普遍期望如何影響你自信的循環上，社交只是其中一例。這個概念也適用於工作、提高面試表現、增加競爭力、參與運動比賽，以及無數的其他活動也是如此。當你在任何特定的情況下，有著極高期望卻無法達成，那這就會傷害你的自信與未來視野。**我們如果建立一種內在的普遍自信，而不將自信依附在單一事件，就能成為更有耐力的贏家，也更能享受人生**。

## 夠好

一九九四年，超脫樂團（Nirvana）的巨星寇特・科本（Kurt Cobain）自殺。在科本的遺書中，有其中兩句顯示出完美主義對他的巨大折磨：

「我有時覺得我走上台之前，應該要有一個打卡鐘才對。我已經盡我所能去喜歡這一切（我也真的喜歡，上帝啊，相信我，但這就是不夠）。」

——摘自寇特・科本的遺書

科本真的喜歡上台演出，但他說這還不夠。我讀了科本大部分的故事，我感覺他是一個極端的完美主義者，而他主要的問題似乎是不切實際的期望，以及其中的「足夠」概念。

## 總是覺得缺了什麼

完美主義者通常有強烈的「永遠不夠」偏誤。我想給你一個挑戰，就是閱讀下一句話的當下必須心滿意足：接受你的人生，就算它真的不完美。想著這些就已經夠了。

知足並不是被動。知足是你個人成長之中最重要的前提：帶著不受干擾的內心、純粹的渴望去完成對自己和世界都有意義的行為。知足甚至能讓我們遠離困境與消極。

當我們覺得人生永遠不足夠，就會陷入這種困境：每天的時間都不夠用、睡眠不足、早上的事做不完、錢不夠花，或是我們不夠好（原因有千百種）。

但事實是，我們可以在自身的限制、缺陷，以及死亡倒數之中找到平靜。即便面對最艱難的情境，你也可以專注在生命中對的事情，而讓自己滿足。你還在呼吸嗎？誰還愛你呢？你的貓咪可愛嗎？你總是可以找到一些事物，也必須找到一些事物。

只有你才能替自己定義足夠。社會中許多事物都會影響我們對「足夠」的感受，但這些感受都只是一種影響，而不是最終的定奪。從今天開始，選擇滿足，並享受隨之而來的自由和喜悅。

至於「不滿足」的部分，其實可以驅動正向改變。你對人生的不滿，往往是改變的強大契機。那麼，在滿足的重要性、以及那種「受盡人生委屈」而有的動機之間，我們該如何取得平衡？

## 「還不太夠」與「永遠不夠」

「足夠」這個詞不太具體，通常指對數量的滿足感（在較少數情境中，則是對品質）。

完美主義者有著不切實際的期望，會在「永遠不夠」的想法中糾結。這種不滿足非常單純，使他們對人生的不滿超過了改變或爭取更多的動力。人生毫無希望，就像成癮者總是想要再重複一次，從吃角子老虎機、酒精到香菸都一樣。這種「永遠不夠」的想法會讓你很痛苦。無論已經做了多少，完美主義者都不允許自己感覺滿足或充實。

相對積極的概念是「還不太夠」。這表示你用一種較為健康的方式感覺不滿：你今天的引體向上沒有全部做完、你還想多寫兩百字到你的書裡、你明年想要更早一點報稅。這種類型的「不夠」是一種個人健全的抱負心態。

**兩種概念的區別，在於「還不太夠」有一個隱含的結局**。「永遠不夠」就是賽犬也追不到的那隻電動兔子；而「還不太夠」則讓我們能抓住它。這個結局，就是收穫與滿足。這兩種概念看似雷同，卻有著完全相反的起源、意義和涵義，這讓我感覺非常有趣。

「永遠不夠」源自於普遍性的不滿、不安與絕望，表示不管一個人做了什麼，滿足或充實都遙不可及。因為眼下並沒有盡頭，也沒有滿足，只有罪惡感和羞愧。**完美主義者不斷在自己的行為中尋找滿足感，然而，這種滿足感卻只存在於他們對自身行為的思考當中。**

「還不太夠」則來自於興奮、力量、喜悅，沒錯，甚至會來自於滿足。這表示一個人的需求可能已經得到了一定程度上的滿足，只是他們盼望得更多——只要更努力，就能得到更多滿足感。當你覺得「還不太夠」，就表示你的付出不受到義務或罪惡感所驅使。

你是完美主義者的話，請看看其中差異，然後學著在你的生活中區分兩者。問問自己，你是用「永遠不夠」還是「還不太夠」的心態來看待某個問題。最簡單的區分方法，就是識別出相應的情緒。「永遠不夠」對應的是焦慮、挫折和絕望，而「還不太夠」則對應渴望、興奮和希望。

如果你不能定義足夠，就容易形成「永遠不夠」的心態。即便是抽象的事情，像是寫一本高品質的書，你也可以設定一個實際標準。這種能力可以透過反覆練習來養成，你只需要關注你抱有期望的領域，並定義「怎樣才算足夠」就行了。微小習慣是修復心態的好方法——當你定義每天在院子裡拔一根草**就**足夠了，你很快就會發現自己會說「還不太夠」，然後再多拔幾根。

## 最好的行動時間點：現在

抱著不切實際期望的完美主義者，會尋找一個完美場景才行動。他們如果要寫一本書，可能只會在精力充沛的時候才去做，因為沒精神的時候更適合看電視，有精神才適合做些正事。他們還必須要找到動力（換句話說，他們必須想要去做）。他們只會在理想的寫作地點、寫作工具上開始寫作。他們需要咖啡跟點心！甚至那天滿月會更好。

這些人寫得很少。

這種哲學會在一個人的生活中擴散，最後就像奶油塗滿了整片吐司，厚厚一層，簡直讓人窒息。他們不願將就不理想的場景，但他們失焦了。做事的意義很單純，就只是去做！

等到完美場景出現時，你已經錯過了太多機會，以下是改變方法：**無論你想多做什麼（如運動、寫作、閱讀、游泳、跳舞、唱歌、大笑），請降低標準去做**。如果你連在下水道都肯做，那你無論何時都能做。

我把我的運動目標設定為一下伏地挺身之後，我開始做得更頻繁，在更多場景與地點做（我在床上、公廁、酒吧和商店裡都試過）。隨著時間推移，這改變了我的大腦和運動之間的關係。運動從一種特殊活動變成日常活動，我在任何地方都可以運動。我因為把運動給日常化，現在一週會去好幾天健身房！

最後一句的概念是重點，可以改變你的人生。你如果覺得某件事很重要，就應該努力讓它成為日常活動（而不是特殊活動），因為習慣總是很日常。你所有的習慣都不會出現在特殊場合，甚至還會有點無趣。想想看，有個人非常想要每天運動。他會把運動加上一個顯眼的基座，結果當自己運動了三十分鐘，就對自己嘖嘖稱奇。在某種程度上，堅持的關鍵在於將行為視為「正常」，而達到目標的祕訣就是把目標視為起點。

給行動設下標準，這完全是你能控制的選擇。完美主義者面對的問題是，他們把自己的「日常目標」放著不管，試圖改變其他一切，然後不解擺脫完美主義為何是如此困難。你如果選擇每天要做超過五十下伏地挺身，那你就不會在公廁裡做，也不會在床上做。但如果你只做一下，這些地方都可以開始。把這個概念應用在一整天的活動，就能有**許多**進步的機會。

給行動設定一個較低的標準，你的注意力會因此轉移到持續改變的過程本身。高標準則要求高水準表現，你會為了達到完美而壓力更大，讓你去尋找完美的時機來完美地做好你的完美任務。

設定較低行動標準帶來的自由感，可以讓你自主。這是大多數勵志建議中所缺少的部分。

「不切實際的期望」還有另一種說法，就是「太在乎結果」。我們接下來會討論如何把重心從結果轉移到過程，這又為何是不完美主義的關鍵，以及為何「結果淡漠」（Result Apathy）會出乎意料地帶來美好的結果。

## 愈放鬆愈高效

得到結果的唯一方法就是通過必經的過程。無論你多麼渴望，就是無法省略這個過程。不完美主義者會忽略結果，因為當你不那麼在意這個過程的結果時，過程本身就會變得更簡單。

結果淡漠，**並不**等於你不努力嘗試。不去嘗試則是因為**普遍淡漠**。而結果淡漠的心態是這樣的：我會全力以赴，但不在乎結果如何。

這就是人生的黃金心態，甚至可以說是……完美的。讓許多人停滯的誤解是，他們不知該**如何在**不關注結果的狀況下努力。他們不曾如此。這就像是動機和行動的關聯——我們錯誤假設我們需要A才能完成完成B，但我說的是，你可以放棄追求結果，卻表現得更好，甚至一點收穫也不會少！

- **完美主義者會藉著對正面結果的積極渴望，來激勵自己投入過程。**
- **不完美主義者只關注過程，讓結果順其自然。**

不難看出，不完美主義者有效率多了吧？他們直接進入過程，而不把過程當作達成目標的手段。在生活中，專注在「你所能控制之事」總是最明智，這樣一來，重點就在於過程而非結果。越是專注在過程，就表示你其實也在乎結果！

關注結果不但無法激發努力，也是導致某些完美主義類型的直接原因（害怕犯錯、行動遲疑、反芻思考）。關注結果或許可以稍微提升動機，卻會讓我們在過程中分心，這種危害得不償失。

## 停止在意結果的清單

關於「結果淡漠」概念的應用可以很廣泛：

- 不要太在意**成績結果**，從而改善應試能力。

- 不要太在意**被拒絕**，從而在社交場合中更放鬆。
- 不要太在意**口誤或不完美的表達**，從而幫助你的演說更精采。
- 不要太在意**焦慮的想法和感受**（順其自然，不要抗拒），從而減輕焦慮。
- 不要太在意自己有多少**負面的想法**，從而減輕憂鬱。
- 不要太在意**你完成的工作份量或品質**，從而提高生產力。

我發現，專注在過程最好的方法，就是建立微小習慣。本質上，微小習慣就是對於過程的關注。假如你的目標只是回覆一封電子郵件，這沒什麼了不起，卻能讓你進入回覆郵件的過程，並養成習慣。過程不只是為了結果，更幫助我們克服艱困的處境。

## 情緒臨界點，情境思考者才有

不切實際期望的另一個面向是「情境」，因為情境可能讓你感覺處於意料之外，或者還沒準備充分。處境不明朗，而你卻不知如何面對，這時可能會導致憂鬱、絕望與懶惰。

美國海豹部隊成員比多數人更能適應惡劣環境，而盧崔奧（Marcus Luttrell）的故事給我們上了難忘的一課。我在兩天內讀完他的著作《孤獨的倖存者》（*Lone Survivor*），精彩到我熬夜到早上六點一次看完。他的故事關乎戰爭的殘暴恐怖，卻也充滿勇氣，以及強大的人生智慧。其中有一點我永遠不會忘。

大家都認為海豹部隊的成員都要體能超群，作戰能力強——這是事實沒錯，卻不是決定人選的門檻。訓練官告訴盧崔奧，海豹部隊的殘酷試煉考驗的不是體能，而是心智。他解釋道，心智總是最先屈服的。盧崔奧述說了地獄週的關鍵時刻：

「當我們在酷寒的波濤中奔跑時，溫度似乎越來越低。他們最後把我們叫回去，然後哨聲又再度響起。我們又全都趴回沙灘。

「爬行，發癢，灼熱感。當下有五個人退出，被送去卡車上。我完全不懂，因為我們以前都做過。情況是很糟，但沒那麼糟，老天啊。我猜那些傢伙只是提前思考，害怕之後地獄週的五天，而這正是馬奎爾長官警告我們的。」

你無論在人生中做任何事，阻力遲早會出現。問題總會加劇到令人不適的程度，而環境與結果總不會盡如人意。

——盧崔奧，紅翼行動的唯一倖存者[2]

對盧崔奧來說，全世界最困難的軍事訓練（海豹部隊的基本水中爆破訓練〔BUD/S〕）再困難，也比他五年後在阿富汗的經歷還簡單。然而，這些訓練使他能在某種狀態下專注於生存的過程，而那種狀況之可怕，卻會讓大多數人都屈服。

這類書的讀者多半是想看故事，我也一樣。但我也有強烈的好奇心，想理解其中的人格發展：是什麼區隔了海豹部隊（如盧崔奧）與我們？又是什麼區隔了盧崔奧這樣的人，與那些熬不過海豹部隊訓練的人？

這可以歸結為對環境、對過程的思考。海豹部隊的心智之所以特殊，是因為他們即便處於人間地獄，還是會專注在過程。在地獄週達到「崩潰點」而退出的人，原因很可能正如盧崔奧所說的，提前思考。

情境思維的人如果意識到「我累了」，就會反覆思考這個想法，專注在疲勞上。

是否下一步行動，則由情境決定——這種模式並非主動，而是屈從。過程思維的人如果意識到「我累了」，則立刻回到執行任務的過程。

另一種說法是。情境思維者更傾向於問題而非解答。他們選擇了被動的生活，而非積極追求自己的目標。好消息是，任何抱有這種思維的人現在都能改變。

## 下一步呢？

每件事都有過程：找工作、塑身、出國旅遊，或是在阿富汗的戰場上面對己方人數三十五倍的敵人時活下來（這是盧崔奧四人小隊的險境）。

想像一下：你加上另外三個士兵，面對一百多個從山頂逼近的敵軍。他們不僅在人數上有壓倒性的優勢，更佔據了制高點，並且左右包夾。你盡全力戰鬥，但你周圍的戰友都死了。你好幾次撤出崎嶇的地形，身受痛苦的重傷。接著，一枚榴彈在你身邊的地面爆炸，彈片粉碎了你的大腿，讓你摔進山谷。

這就是盧崔奧的處境。讓他活下去的事物，與支持他撐過海豹部隊訓練的一樣——專注在存活的過程，不斷回歸「**下一步是什麼？**」的問題。海豹部隊殘酷的訓練教會他們，無論情況多麼艱困、多麼絕望，最好的做法就是決定並執行下一步。

許多人之所以在基本水中爆破訓練中途放棄，就是因為他們不思考下一步的行動，而是思考自己有多麼疲累，或是想像接下來幾天的痛苦。情境思維的人不只聚焦在眼下的情境，通常也會把你的思緒引向未來。想像一下，假如你是盧崔奧，在身受重傷的情況下，根據當下的處境預測往後幾天，大概會**想要**去死吧。

但盧崔奧活了下來。他優先思考自己的需求，給自己分配任務。他在書中，提到他在那次讓他深受重傷、戰友全無的戰鬥中，第一個任務就是：尋找水源。由於嚴重缺水，他專注於尋找水源，因此他必須思考周圍的地貌，和最可能出現水源的地點。這讓他無暇思索其他問題。

## 如何用「過程」克服惡劣情境

幾乎所有不理想的情境，都至少有一種過程能讓你走出困境。例如，你的鬧鐘響了，你知道你早上該去健身房，但你很累又沒有動力。以下是兩種思考者的反應：

情境思考者：我為什麼安排今天要運動？我累翻了。休息一天也可以吧。我的肌

肉酸痛，眼睛幾乎睜不開，這樣要怎麼重訓？我不覺得自己能做到。或許再躺幾分鐘吧。（睡了幾個小時）

過程思考者：（咕噥幾聲）我只要翻個身，讓自己下床。（落地聲）啊！很好。現在，我需要走到鬧鐘旁，爬過去也行。鬧鐘不在床邊，沒辦法伸手就按掉。

**過程式思考者還沒把注意力放到運動上，因為那不是過程的起始之處。「一次一小步」的思維會讓困難的過程變得簡單：假如看得太遠，那些目標就永遠無法實現。**

這並不表示，過程思考者沒有意識到那些腦中飄忽而過的痛苦情境，他們只會想：「這很有趣，但我還是要開始這個過程，看看會怎麼發展。」一旦你到了健身房（或是任何目標地點）開始運動，你會發現情境式的藉口和現實差距竟如此之大。

專注在過程，是改變情境最好的方式。

## 試試把結果擺一邊

我們討論了兩個面向的不切實際期望：

- 「情境」指的是當下的狀況（行動前）
- 「結果」則是未來可能的樣貌（行動後）

理想上來說，我們得忽視這兩者。如果專注在其中一項，就會損害我們採取有效行動的能力。原因如下：

- 我們可能會用當前「情境」當藉口：我沒辦法跑一英里，因為我太累了。
- 我們可能會害怕「結果」不夠好（另一種藉口）：跑步會讓我痛苦。

擔心當前的情境和未來的結果，會讓我們**很容易**找到不行動的藉口。為了心智上的自由，要對你的當前情境和可能結果冷漠一點。反之，你要專注在過程！專注於過程，你不但會降低期望，甚至可以完全忽視。

# 第六章

## —完美主義的五個分區—

# 反芻思考

「反芻思考的微妙點在於，明明看起來有幫助，但卻沒有投入行動，以至於在解決問題上毫無進展。」

——葛瑞森（Carla Grayson），心理學家

反芻思考是完美主義的類型之一，指一個人太關注自己的問題、與導致這些問題的事件。這通常也包括對過去表現的自我批判。研究者發現，反芻思考與社會指定型完美主義（socially-prescribed perfectionism）相關，即希望在他人眼中表現完美。心理學家將其歸類為適應不良特質——對人生挑戰的有害反應。[1]

反芻思考者的信念（透過想法或行動來表現）如下：

1. 想解決問題，必須聚焦在問題本身。
2. 他人對自己有很高的期望。
3. 他們的身分認同取決於表現（而不是行動本身，或他們自己）。
4. 偶然的負面結果就是個人的失敗。
5. 時間旅行是可能的（我不全然是開玩笑，因為他們會過度分析過去事件，顯然是希望能改變過去）。

要消除反芻思考的習慣，就必須先解開產生這種習慣的信念。接下來，我們會學習接受沉沒成本、理解機率和失敗、專注於當下、扭轉負面自我對話，應對那些令人反芻思考的領域，藉此採取行動來打敗反芻思考。

## 值得的反思

一九八五年，任天堂推出《瑪利歐兄弟》這款電玩遊戲。而後，遊戲發展出許多系列作和衍生作，而瑪利歐這個角色讓任天堂淨賺了數億美元，成為史上最會賺錢的水管工。大多數人都知道第一代，是一款2D平台遊戲（platformer game），玩家控制角色由畫面左邊向右移動，跳過障礙物、踩上敵人的頭頂，然後通過關卡。

《瑪利歐兄弟》裡的多數關卡我們都可以按自己的速度前進，甚至可以回頭，但少數關卡會自動向前捲動，如果不跟著視角移動，畫面邊緣也把你推到洞裡，或壓扁在水管上。人生就像是第二種關卡，不繼續前進（例如沉溺過去）就會遭遇麻煩。

我們會反芻的事物分成兩種：可修復及不可修復。

## 移動你的容忍線

所謂沉沒成本，是一種不能逆轉的損害、成本和不幸。無論沉沒成本給你造成多大的打擊，唯一健全的回應方式就是接受它。當你不再去假想它不曾發生，代表你已經接受了。

我試著找了一個部落格來推廣自己的「掌握微小習慣」影音課程，這花了我兩百五十美元，卻只回收五十美元。這就是沉沒成本。（還好是免稅的……太棒了！）

比起來，不去糾結「失去這些錢」會比較輕鬆。反芻思考可能會很悲慘，甚至這個慘事就是你的錯。但在某種程度上，我們必須意識到再多的內疚、悔恨與反芻思考，都沒辦法改變已經發生的事。時間不會停止或倒退，我們也不該如此，否則過去的痛苦會纏住我們，造成比原先更大的傷害。

繼續好好生活並**不是**不敬（對那些被你傷過的人），因為反芻思考並不能解決問題或彌補錯誤。自我懲罰一點幫助都沒有，沒辦法讓情況變好。**反芻思考是絕望又徒勞的嘗試，嘗試透過思考來改變過去。這是一種否認，但接受才是解方。**

接受，代表你會受到迎面而來的完全痛苦（事情越嚴重，你就會越痛苦），但當你接受了，你等於是給自己更好的機會來超越現實。同樣重要的是，要接受**人性**。我們之所以有犯錯的權利——甚至是可怕的錯誤，就是因為我們是人。

而至於什麼錯誤是可以接受的，每個人都有各自的底線。我們容忍自己偶爾打破杯子，可是不能開車輾過路人。後者很極端，大概很少人有那種經驗，這卻可能發生在任何駕駛身上。我猜這已經超過了多數人的「可接受錯誤」的範圍。假如我們在那一點上，我們能選擇跟不可原諒的錯誤生活，或是跟對自己的原諒生活。寬恕是更好的選項，但怎麼做到？

**如果你犯的錯誤超過了你能接受的範圍，你就必須改變這條界線**。

在你在犯下嚴重錯誤之前就畫下界線，並沒有任何好處。換句話說，不管你做了什麼，都要留給自己喘口氣的機會，否則在缺乏容忍度的狀況下，你的大腦根本無法接受錯誤，最終只會崩潰。（就像是叫電腦把數字除以零，你的大腦也不會知道該如何解決這個問題。）

當你接受現實，你就可以自由找尋未來可能。當然，「接受已經發生的事」聽來容易做來難。因為你在克服之前，可能要先經歷。有些事情需要比較長的時間克服，但我相信，只要每天都刻意提醒自己「過去不可改變」，就能加速這個過程。

## 心理餘裕

如果你騎摩托車不慎摔倒了，而你知道有人會修車（也有人會治好你的手），那麼，你再次上路只是時間跟金錢的問題。如果你交了一份企劃案給老闆，她卻說：「這是我看過最爛的提案。」那麼，你可以聽聽她的建議，之後再交另一份出來。**那些會讓人們反芻思考的問題，幾乎都是可以解決的**。

舉個概念上的例子：我反芻思考自己該把這句話寫得更好。好吧，與其這樣思考，我還可以繼續寫下一句話，把注意力放在同樣不夠好的第二句話。我可以繼續這種循環，直到我寫出一句自己接受的句子。在這種過程中，我讓當下充滿了生產力，而不是專注在過去的糟糕文字。

我們擁有選擇的神奇力量，但反芻思考就是放棄這種力量。這種習慣具破壞性，而且很容易養成。解決方法就是繼續嘗試、練習和改善，假以時日，你就會發現在明明可以解決或嘗試的事情上，還選擇反芻思考是何其荒謬。

反芻思考的核心解決方法，就是採取行動，讓你的思考進入更好的地方。如果眼前的問題已無法修補，那就去追求其他你有興趣的事物；而如果是可以修補的問題，那就在你發生反芻思考的地方採取行動。不過，我們要如何培養出必要的毅力，才能在錯誤和失敗之後繼續嘗試呢？接下來要告訴你答案——對於容易為了失敗而挫折的人來說，讀完下一段應該會精神大振吧！

## 了解機率和失敗

只要稍稍改變對失敗的思考，人生就會截然不同。這就改變了我的人生。反芻思考者（與多數正常人）經常將「機率」貼上「失敗」的標籤。正確劃清機率與失敗的界線，你就能馬上減少反芻思考的**次數**。

簡而言之，別將偶然的結果視為失敗。在嚴謹的字面定義上，人們可能會把偶然的結果稱為「失敗」（即非成功的結果）。這沒有錯，但多數人卻把失敗和表現不佳、犯錯或個人缺點劃上等號。這種失敗的定義與字面上「非成功」意涵就完全不同了。由於機率造成的結果不在我們的掌控中，我們自然不該套用「失敗」的定義。

## 統計失敗

康納曼（Daniel Kahneman）是諾貝爾獎得主也是心理學家，有件事讓他相當困惑。他交叉比對了多個研究之後，發現結果有矛盾。他從各個角度進行分析，卻仍無法理解其中意義。

最後，他意識到自己的錯誤。康納曼所選的樣本數太少，無法得出可靠結論。[2]雖然他精通統計學，卻還是根據傳統和直覺決定樣本數量（而非統計原理）。他想知道這種現象是否很普遍，所以找了另外兩位著名的統計學家（兩位曾經一同寫過統計學教科書）來測試。

他們也犯了相同的錯誤。

我們也一樣，常常不從統計學的角度來解讀失敗。

想像一下：有個男子向陌生人問路，對方卻無視他直接離開。真糟糕。接下來的一星期，同樣情況又發生了兩次。男子一共被拒絕三次了，他會如何解讀？

他想：「可能是陌生人都不友善，或者我很惹人厭。」

**暫停一下！讓我拿出統計數據**。他只跟三個人互動，但地球有七十億人口。在統計學上，就算是最友善城市裡最友善的人，也可能遭遇到三次拒絕。假如男子把結論告訴統計學家，可能會聽見：

「等等，且慢。真是太有意思了。（竊笑）你說這世界有七十億人口，而你只根據『三個』樣本就得到篤定的結論？哈哈！這標準差是多少啊？哈哈！再多說個笑話吧！」

——某個缺乏幽默感的統計學家

## 是失敗還是沒發生

向陌生人搭話是機率問題。對方可能忙碌、不感興趣、友善，還有更多可能的狀態。找工作呢？機率。請求某人幫個忙？機率。結果會受到我們行為與選擇的影響，但仍然不在我們的控制範圍。

這就解釋了，為何堅持會是機率的好朋友。因為只要你不斷地用行動挑戰機率，你很可能會成功。

想想看，針對想要大紅大紫的作家，統計學家有什麼建議？把寫好的稿子到處寄給出版社，越主動就越好。要是稿子真的很糟，那當然寸步難行（除非是吸血鬼的故事）；但如果還不錯、甚至技巧精湛，那你找的出版社越多家，付梓出版的機會就越高。史上賣得最快的書是《哈利波特》系列最後四集，但這系列的第一集在出版之前被退稿了十二次。正如《哈利波特》系列書的成功所證實的——J·K·羅琳並不只是搞砸了十二次的人。

對於機率的事件，同樣的道理也適用。有天發生一件不幸的事，但這關乎機率，那你就**無權**（也沒有依據）把自己劃定為失敗者，無論在求職、告白、參加比賽等情境都一樣。當勝利、晉升、或出版上市的決定權在別人手中，那這就是機率問題。這種觀點會讓你立刻把那些不夠好的機運，拋到腦後。（剛開始時，你必須時常提醒自己這一點。）

失敗則是另一回事，對我們很有幫助。

- 失敗是愛迪生找到燈泡的成功材料之前，經歷了無數次的事件。
- 失敗，是你正在試著追求的目標，超過了你當下的意志力。
- 失敗是你徒手去摸高溫的爐子，然後被燙傷。

**失敗與機率不同，是一種完全可預測的結果**。失敗非常可貴，我真的這麼認為。失敗由於更容易解釋，所以甚至比機率更能令人接受。想想看，如果你觸摸了十個物體，結果卻不知道是哪一個燙傷了你。這樣一來，你可能連黑膠唱片都會不敢觸摸。而當某個方式在任何情境都無效，你就知道是失敗了。

機率和失敗可能會有些重疊，亦即一旦你用錯誤的策略冒險，就**可能**每一次都失敗。我們在許多情況下，很難知道結果，所以你如果被拒絕了，不妨問問原因。被拒絕之後，探問反饋是需要勇氣的，但這能讓你看見自己下次該如何做得更好。

有時候，有些我未曾謀面的人會寫信來請我幫忙。我跟大多數信箱被塞爆的人一樣，拒絕方式就是不回應。如果對方接著又寫信問我為何不回應，或是他該如何調整請求方式，我就會告訴他。只要你開口，人們通常會願意給予你誠懇的回饋。

以下就是要點，沉澱吸收之後，迎向更美好的人生：

- **如果某件事是靠機率，那就堅持下去**。對於那些基於機率的冒險（尤其是沒有成本的），我們沒有理由放棄，永遠沒有。除非這會讓你付出某些代價，否則放棄實在沒道理。你做這些事情都沒有代價：在部落格寫客座文章、邀請心儀對象共進晚餐、應徵理想的職位，或跟老闆談加薪。如果你得到了好結果，那會帶來很多好處，所以不妨採取行動，別糾結太多。當個你自己所知最積極的人吧！
- **做不好的話，就換個方法**。跟機率上的失敗不同，實質上的失敗給了你一個機會，去消除原本你嘗試的做事方法（一個廣為人知的例子：愛迪生失敗的燈泡原型）。
- **當你懷疑一次負面的結果是機率和失敗的組合，那麼就堅持下去，但要嘗試不同策略（至少在你認為的失敗之處）**。

我曾經在知名的部落格「MindBodyGreen」投稿過一篇客座文章。我寫得很認真，也認為內容很棒，但對方甚至連「不」都不願意說，就這麼無聲無息。我又投了一篇，沒有回應。我投了第三篇，我認為是當前最棒的一篇，他們還是無視我。其他人持續為他們寫稿，我於是認為這可能是一次實質上的失敗。因為沒有任何回饋，我問了一個曾經獲得刊登的朋友，並接受了他的建議。我不再寫自以為很重要的主題，而是更深入研究網站上高人氣的文章，選擇了尚未報導過的議題來寫。賓果！我投稿的第四篇客座文章被接受了，往後又為他們寫了好幾篇文章。

理解機率與失敗，是抵達你理想生活的關鍵。這能保護你免於受拒絕之苦、讓你堅持不懈，也讓你能像專家般為了生活自我調整。

站在這個新觀點上，你就不會在自我表現上反芻思考。一個壞結果或許還是讓你難過，但只在你**躊躇不前**時，反芻思考才會造成問題。若你有明確的下一步，無論有沒有嘗試的新策略，你都不至於沉溺過去。

## 平時的自我對話

我們使用的語言與反芻思考的頻率和程度關係密切。因此，語言是解決反芻思考最輕鬆的「修復」方法之一。

「應該」就是個危險的詞，因為當它用於過去（「當時應該」），即代表著某些事情做錯了，應該用別種方式。這暗示某種程度的後悔。

「當時應該」這個說法則具有暗示性，充滿了罪惡感和羞恥。反芻思考者在回顧事件或一系列事件時，往往會想著自己**當時該**怎麼做，反而忽視了自己當時的正向行為。

不過，如果你說的是「我當時應該點乳酪醬搭配貝果」，則毋須糾正，因為這種「當時應該」是無傷大雅的。題外話，乳酪醬真的好吃。你自我對話的語境和語調，透露了你的自我關係（selfrelationship）的許多部分。

我去夏威夷旅遊時，我走到一個遊民面前。他靠著磚牆坐著，看起來像是需要些什麼。我問他要不要幫他去附近超市買些吃的。他卻表示想要香菸。我差一點就幫他買了，因為我希望他有美好的一夜，但又不想要買菸給他。我問他要不要其他東西。我不斷要求他換個東西，他說他可以來一瓶激浪汽水（比較沒那麼邪惡）。

我幫他買了汽水和巧克力。當他發現我還是沒買香菸時，皺起眉頭大聲說：「我太蠢了！我是個白癡！」我想，他應該很挫折沒辦法說服我買菸。他厭惡自己。

認為我們跟**自己**存在一種關係——這很奇妙，卻是真實而明瞭的，在那個遊民跟自己的粗暴關係上可見一斑。當你在反芻思考時，你會像批評他人一樣地批判自己的行為。就算做出行為的是你自己，但在反芻思考時，你會像是個局外人一樣進行分析（而且非常挑剔）。反芻思考者可以學習用更友善的方式和自己相處，起點就是改善自我對話。

## 如何改變差勁的自我對話？

### 1. 尋求理解

用來改善不健康關係的方法，也可以同樣應用於解決糟糕的自我對話（因為前者也算是一種「自我關係」）。史蒂芬·柯維在《與成功有約》（*The 7 Habits of Highly*

*Effective People*）裡寫道：「先是理解他人，而後被他人理解。」無論是對人際關係，或是面對內在的反芻思考者，這都是很棒的建議。

**行動**：當你開始反芻思考某一件事，請給自己三十秒，來想想自己做那件事的原因。你會做，自然是依據你認為的最佳判斷。想想你當時的動機，承認你自己有所不足。只要你完全理解了「先前的自己」，你就不會再如此嚴苛地批判自己的行為（正如：少批判他人的關鍵在於理解他人）。如果不願花時間理解，就會跟自己過不去。

有害之物的成癮者對自己屈服於成癮這件事，實際上很難過意得去。但假如他們花一些時間理解成癮的本質，以及人性的脆弱，他們就能對自己多一點寬容，少一點罪惡感，進而脫離常見的「罪惡感—成癮循環」（guilt-addiction cycle）。

### 2. 說「當時可以」而非「當時應該」

如果你操作圓鋸機時不慎斷了一根手指，你可能會心想，自己當時應該要更小心，或是用一些保護用具。我認為這些都是值得去想的。思考不同的決策會如何影響結果，這本身是健康的，但如果出於逼迫、且超過必要範圍，時間浪費與消極思考的循環就會蓋過原本該有的好處。

我們使用的語言和我們有多常思考過去密切相關。「當時應該……」的良好替代句子就是「當時可以……」，後者表達了可能性。「應該」使人聯想到確定性與義務感，但「可以」則是開放且自由的。這種開放性的生活視角較有意義，因為人生之路總是與我們所認為的不一樣。

- 我當時應該多跳一些舞＝當時跳得不夠真是丟臉
- 我當時可以多跳一些舞＝我意識到當時可以更常跳舞

如果要說一個有生以來最大的遺憾，我會說是讀大學，因為這對我個人完全沒有用。但讀大學就是一條我走過的路，我走到了今天，而我對現狀很滿意。這就是我不遺憾的原因，也無法篤定說出：「我當時不應該讀大學。」開放式的「當時可以」之所以比較好，正是因為我們無法計算每個決定、每個事件在當下及未來所帶來的全面影響。說自己一定不應該做某事，這只是缺乏遠見。

我曾經在面試中犯下一些錯誤，這可能是我大學畢業後找不到工作的原因。但失去那些機會，反而讓我努力工作，開創自己的職涯。那時我可能會想：「我面試當時不應該那樣說。」不過，如果我一如預想的，畢業後馬上就有工作，那麼我不認為自己會寫出被翻譯為十多種語言的書了。

只要出現「當時應該」的想法，就要提醒自己。當你發現自己這樣做，不妨重新評估情境，並且用「當時可以」來代換。

## 改善低效思考的行動提示

在本章關於「接受」的部分，我們討論為何行動是重要的一步。接下來，我要告訴你一些具體的策略。

反芻思考者的根本問題，就在於你無法重回過去：

• 有個男人搞砸了一次面試，他專注在自己說錯了哪些話，而不是繼續尋找更多職缺與面試機會（甚至沒有再次聯絡拒絕他的公司）。

- 有個女子在某一場晚餐聚會時說錯話，從此避免開口，躲進自己的殼裡，反思當時不該說哪些話，卻不再試著彌補。
- 有個男人選擇保持沉默，決定不開口邀請那個美麗女子共進晚餐。他不斷反省自己的失敗，錯失了下一次機會（然後他會繼續反芻思考）。
- 有個女人在健身房裡受傷，她沉溺於自己的不幸之中，而不是馬上看醫生，讓身體恢復到最好的狀態。
- 有個男孩反芻思考自己考試的爛成績，卻沒有認真準備下次的考試。

如果你每一件小事都會反芻思考，那麼你也會這樣面對重大事件，**因為這就是你訓練自己處理負面事件的方式**。反芻思考會成為一種慣性反應，隨著時間推移而加劇。狀況惡化時，人們會反覆思考一件發生在幾週、幾個月，甚至幾年前的事。

我們已經討論過一些破解反芻思考的方式：接受「過去無法改變」、理解「失敗和機率的本質並不可怕」，以及建立「健康的自我對話」。這為我們的下一步帶來優勢。這些調整是一段過程，而不是按下開關就能快速切換。

假如你發現自己反芻某件事，就回過頭再走一次這個過程。過程中，每一步都會越來越簡單。舉例來說，當你發現自己在反芻思考時，或許很難立刻就將焦點拉回當下；但假如你先接受過去，思考機率和失敗，而後調整自我的對話，就會越來越容易了。

一旦你使用上述技巧，將自己從反芻思考中抽離，就是採取行動的時候了。我個人偏好的即時行動工具，是計時器的行動提示。

## 五個時間管理法，讓你確實前進

計時器能提示我們該採取行動，施加較為溫和的壓力，鼓勵你向前邁進。要建立一個工作和回饋的框架，請參考以下幾個技巧。

**倒數計時器：**當倒數計時結束，你就必須立刻開始你的任務。

當你需要開始某個任務，但你動機不足，所以不斷拖延，這時不妨先果斷按下倒數計時器。這對我每次都有用。合併微小習慣的策略，先確立你可以投入的第一個微小行動。以健身為例，如果你抗拒運動，那麼先換上運動服（或者可以更具體：穿上運動短褲）。倒數至零秒時，你就要承諾邁出第一步。

之所以有用，是因為這給我們一個明確的起始點。假如一件事可以「隨時」開始，人們往往會選擇拖延。至於要給自己多少時間，可能會因情境而異。手上沒有其他要務時，我通常給自己六十秒鐘——剛好夠我放鬆，並準備行動。

**決定倒數：**在倒數結束前，你必須毅然做出決定！

使用倒數計時器，給自己適當壓力，讓自己做出一個具體決定，或最常見的「我得做些事。什麼事？」的決定。給自己壓力，每天練習，這會提高你下定決心的信心與速度。壓力的確會帶來不適，但只要控制在一定幅度，就會持續趨策我們的行動。

要確保你給自己的時間是足夠的，讓你能充分考慮選項——但不能過久。我發現對我自己而言，最理想的是倒數計時三分鐘到十分鐘，這取決於該決定的複雜程度。

**專注倒數**：在接下來的X分鐘內，你必須專注於你選擇的一項任務（要搭配嚴格的分心規則）。

我在實行這個策略時，通常會超過我的目標時間，因為我會全心全意投入其中。有個小技巧：如果你的是蘋果電腦，可以用全螢幕功能，這樣能完全忽略除了所用程式之外的一切。訂下規則，在時間結束前無論如何都不能切換到別的程式。相信我，光是「來收一下郵件」這類的小事，就會對工作效率有著致命傷害。微小的妥協會佔據心神，正如微小的進步會提高生產力。無論任何理由，都不要從專注的領域中離開。

假如你覺得長時間專注於一件事太困難，只需要多練習即可。把目標設定專注五分鐘，然後漸漸增加時間。**你每天所練習的（無論是讓注意力分散或集中）都將成為你所擅長的**。如今，大多數人都很擅於回覆訊息或臉書通知，卻不擅長專注於重要的事。多加練習，我們都能改變！

**番茄鐘工作法**：工作二十五分鐘、間歇休息五分鐘，重複進行。

這是一個行之有效的流行方法。我唯一的懷疑是，我在專注於某個計劃時，往往會超過二十五分鐘。我不相信二十五分鐘有什麼特殊魔力，也不覺得每天都該維持相同時間。我憑藉感覺來繼續。

有時，我知道自己可以專注超過一小時；其他時候，能專注二十分鐘就要偷笑了（或至少在開始行動前，我是這麼以為的）。

即便如此，番茄鐘工作法的確實不錯，而且會有效果，至少比什麼都不做好太多了。從番茄工作法網站上可以看到以下步驟[3]：

1. 決定要完成的任務
2. 計時二十五分鐘
3. 工作到計時器響起
4. 在紙上打勾，代表執行完成
5. 短暫休息（三到五分鐘）
6. 每過四輪「番茄鐘」，就休息久一點（十五到三十分鐘）

**工作與遊戲的旋轉木馬**：工作一小時，休息一小時，重複下去。這種一來一回的技巧，會讓你每一次投入都得到豐厚回報。

「可是休息時間太長了！」——隨機挑選的讀者

假如你覺得增加休息時間不是個好主意，想想看這件事：二〇一二年希臘人平均工作二〇三四個小時，而德國人只工作一三九七小時。[4]希臘人工時較長，但德國人每小時工時的國內生產毛額效率，比希臘人多七〇％。（換句話說，人均工時比希臘人少六百小時，總體生產力卻更高！）由於還有其他社會經濟等因素，這個比較不那麼「完美」，但這說明了一點。**工作時間的長短並不完全代表生產力**。

某些情況下，一小時全神貫注地努力工作，絕對值得兩小時休息的獎勵。你肯定有過類似的經驗：「工作」了四個小時，卻幾乎什麼也沒完成，或是工作短短二十分鐘的成果，值得大力表揚獎勵。

帕金森定律（Parkinson's Law）指出，你分配給工作的時間，會使工作變得密集或鬆散。假如你給自己更多休息、更短工時，你可能會發現自己會最大化效率。此外，充分休息可以增加能量，讓你提高專注力和工作能力。

那麼，應該選擇番茄鐘還是旋轉木馬呢？都試試。**番茄鐘的原理是給身體和大腦短暫的休息，藉此重振精神（準備下一階段的工作）。旋轉木馬的技巧，則著重在創造更多獎勵**。理論上，這會使大腦在工作與娛樂之間，建立更多的正向神經連結。大腦總是會偏好直接連結到獎勵的活動（正如習慣建構的科學所發現的）。

## 計時數位工具

我建議你嘗試所有前述的技巧，並選出最適合的。現在有了方法，你還需要一個計時器！這邊提供你幾個不花錢的計時工具：

- 簡易廚房計時器（是物理的那種，而非電子的！）：廚房計時器難以取代，因為使用起來比任何手機軟體都快多了。
- 安卓系統（Android）的「Digital kitchen timer」：沒錯，有這種程式，甚至可以同時進行三個不同的倒數。不過，我不確定為什麼會需要三個。
- 安卓系統的「Alarm Clock Xtreme Free」：這是我使用的，除了當鬧鐘之外，也附有倒數計時的功能。

- 電腦的「Timer Tab」網站（http://timer-tab.com）：如果你常常上網工作，這個網站就很適合。顧名思義，你可以在瀏覽器的視窗上看見倒數的時間。
- iPhone和iPad：不需要裝任何程式！iOS系統有內建的計時軟體。進入時鐘程式，你會找到「計時器」的選項。設定好時間並按下開始，還可以選擇計時終止的鈴聲。

## 反芻思考快速指南

以下是克服反芻思考的概要，供讀者參考。第十章也會再做總結。

反芻思考是一種焦點上的問題——你抱著遺憾回顧過去（或是希望有時光機），而不是看看自己現在能做些什麼，來讓生活變得更好。只要你發現自己在反芻過去的負面事件，下列方法能幫助你扭轉局勢：

1. 接受過去不可能改變。選好每天的提示點（特定時間、地點或習慣性活動之後），花點時間來反思，並接受過去已成定局。這是培養「當下心態」的好方法。

2. 如果反芻思考與表現相關，那就把它看作偶然或失敗。如果是出於偶然的機率問題，就再試一次；如果是後者，那就慶祝自己至少排除了一種作法，並思考其他策略。如果你覺得可能兩者都有，例如當你被反覆拒絕，那就繼續嘗試新的策略。

3. 檢視你的自我對話。如果你發現自己總是想著「當時應該」，那就改成「當時可以」，藉此喚起更多可能性，而不是批判性。同時，你也要理解自己當時為何那樣決定。我們所作所為通常會有緣由，所以試著理解當時的自己，就像在法庭上為自己辯護。

4. 積極活在當下。反芻思考最大的問題，就是消極。假如你的心態還留在過去，就不可能有效地專注在當下的事件。為了轉換為積極的心態，除了要有每天的微小習慣，也要有微小習慣的生活哲學，在任何領域都「積極」行動。從非常細微的事開始，並使用計時器。舉例來說，如果你不斷反芻思考之前的一次爭執，那就設下一個目標：打電話給任一朋友並按下「通話」。沒過多久，你就會被其他事情逗樂，或者在朋友的幫助下控制好自己的情緒。

例子：

傑瑞有次應徵工作，卻在第二輪面試失敗了，他之後不斷反芻思考，因為對方選了別人。他思考自己當初應該換個表達方式，並對自己被拒絕這件事失望透頂，沮喪地緊握拳頭。雖然他意識到反芻思考沒有幫助，但他很難釋懷，於是他執行了本章的幾個步驟。

1. 傑瑞反思被拒絕的這個定局。因為對方雇用了別人，他發現在這種狀況下，堅持下去也沒有用。了解這份工作完全超出了他的能力範圍，有助於讓他脫離那種情感。

2. 傑瑞意識到這次求職是一個基於機率的事件，他的表現其實夠好了，足以得到工作。他不斷反芻思考，是因為他想搞清楚自己為何沒被錄用。現在他已經接受了第一步驟的負面結果，放下了對這份工作的依附情緒，他能更客觀地看清全貌。有了這樣的結論，傑瑞已經在思考要找哪一家公司了。

3. 起初，傑瑞思考的是自己「當時應該」怎麼說，現在用的則是「當時可以」，這不僅減少了他的壓力和自我批判，也對於未來的面試有所幫助。他整理了如何提升面試表現的筆記，他感覺好多了，因為這次經驗讓他學到了一些東西。

4. 傑瑞投了其他履歷，他已經把注意力集中在新的機會上，完全放下了上一次面試的失望結果。他覺得再去思考那次失敗只是浪費時間。他不再反芻思考了！

# 第七章

—完美主義的五個分區—

# 被肯定的需求

「越想得到認同的人遍尋不著，而不須認同的人則大有收穫。」

——韋恩．戴爾（Wayne Dyer），暢銷作家人們追求認同主要有兩個原因：

1. **缺乏自信和自尊，因此想從其他人身上尋求**。缺乏信心的人在行動前，往往需要其他人的許可。這意味著他們重視他人意見多於自己的。要知道，別人給你的自信並不是真的自信。

2. **他們希望每個人都喜歡他們**。如果一個人覺得自己需要被所有人喜歡，這就會影響到他所有的行為。這種影響很深，甚至他獨處時也會受影響，因為他們會想像有人（或某人）正在看著他的一舉一動。解決的方式我稱為「叛逆練習」，內容跟名稱一樣有趣。

## 自信心的刻意練習

信心不足代表某種程度的不確定性，如果有不確定性，你就會尋求更多的確定因素。而「需要被認同」的問題其中一個解法，就是提升自信，因為有了高度自信，你不需要被認同就能感覺自己被認可、而且有價值。

以下建立自信的方法有其效果，因為這是基於實踐的——光是思考不可能讓你變得有自信，你必須用經驗與行動來達成。

## 三管齊下的信心提升法

### 1. 化學上的信心建立

前文提過柯蒂的研究，也就是以信心姿勢站立兩分鐘後，受試者的睪固酮濃度會提升二〇％，而皮質醇則會降低二五％。僅僅兩分鐘的簡單「工作」，就能帶來顯著的增強信心的化學變化。自信是生活不可或缺的部分，所以這種方法適用於**各種**情況。

自卑的人應該訓練自己的姿勢——根據這項研究的結果，這種建議並不離譜。這只是短期的解方，而且你如果每天練習，還可以讓效果更長久。練習內容很簡單：打開你的雙臂！

信心姿勢的重點在於佔據更多空間：雙腳的間距拉開，挺胸、站直。順從姿勢則會帶來相反效果，提高皮質酮並降低睪固酮，特點是讓自己顯得較小：縮成一團，雙手或雙腳交叉，彎腰駝背。

像大鳥展翅在公眾場合逛來逛去顯然不能解決問題。低調一點的方法是在某些狀況下練習，例如在面試前，到廁所擺出信心姿勢（有研究對此測試，發現效果很好）。不如在約會、演說或會議前試試？任何挺出胸膛、佔據更多空間的姿勢都可以。

## 2. **裝出信心**

我支持「假久了就變成真」的概念。這個策略聽起來不太好，畢竟沒有人想造假。但它會讓你暫時停止自我懷疑，像有自信的人一樣思考和行動。假如你沒有表現自信過，你可以**練習**這種假裝，一開始當然會有點假。

如果你能在沒有自信時練習，那是最好。這和戲劇或電影演出沒什麼不同。在腦海中創造出一個自信的角色，假裝那就是你，然後表演出來。

有些人會覺得去面對自我懷疑，是一種不誠實且太過困難的行為。有個方法倒是可以幫助你不用偽裝就練習自信，即調整你的基準。

### 3. **調整基準**

傳統的提升自信方法是有缺陷的，因為通常**只關注**提升自我。上面兩種方法都可以達到這一點，但提升自我**只是**等式的一半，**信心其實並不是獨立存在的**。就算是一般的自信也像是某種函數，是我們跟心中的標準相比，認為自己有多少能力的一個量值。

你的信心何以會消長？如果你在連續十次求職失利之後信心下降，那是因為你突然感覺自己低於基準，而不是你實際上變糟了！我們是自我中心的生物，傾向於把自己看得太重要，但我們自己其實比周遭環境更好捉摸。

大多數人只關注自己內心的自信，而看不見相對性。所以總是有人會建議：嘗試一些「提升你的信心」和「相信自己」的策略吧。這種建議本身沒有錯，但既然信心是相對的，我們就要檢視另一面！

不完美主義者是最有信心的一群人，但這不是因為他們天生優越。不完美主義者很擅長調整基準以符合**自己**，他們是箇中高手。他們主動決定自己該對什麼有信心。以下列舉數例，想想在下面五個情境，然後想想你在這些場景成功時的信心程度：

1. 和巨型陸龜賽跑（〇．三二公里／小時）
2. 和雞賽跑（一四．四公里／小時）
3. 和鄰居（她叫貝西）賽跑（二〇．八公里／小時）
4. 和世界上最快的男人尤賽恩．博特（Usain Bolt）賽跑（四四．四四公里／小時）
5. 和獵豹賽跑（時速一一二公里／小時）

這些情境只關乎一件事——你的速度多快。但上述問題卻會隨著不同情境而改變。當你追著獵豹，是否感受到信心漸漸萎縮？這就是相對信心的原理。和巨型陸龜相比，我們都快如閃電！和獵豹相比，即便「閃電人」博特也相形見絀。你對自己腳程的信心，取決於你所認為的相對基準，而有足夠、差勁或出色的認知。

假如你對某個領域沒有信心，或是缺乏整體自信，那麼問問自己：「我的信心基準在哪裡？」

我對自己跑步的速度很有信心，但那不過是因為我的基準不是獵豹或博特！事實上，我記得自己在高中參加過一場友誼賽。我當時還以為自己可能是全世界跑第二快的（認真的），但比賽時，好幾個人像火箭一樣超過我，我驚訝不已。是我耶！他們讓我把基準提得太高，讓我覺得自己像隻蛞蝓。我後來又恢復了信心，因為我跟周圍的人比起來又顯得不差。我並沒有變快，只是我的基準變得更實際了。

每一個領域都有基準：吸引力、智力、社交能力、力量、幽默感和自信本身（你對自己的自信程度）。我們會不斷根據浮動的基準，來計算我們在各個領域的能力。

我猜測，我們有很多人都會用「普通人」的模型來建立自己的信心。但這種處理自信的方式有極大的缺陷。這就像是去買一件「平均大小的衣服」，而不是買自己的尺寸。這可能（也確實）在某些人身上有用，但多數人並不適用。

一個領域中的「平均值」並沒有權威的標準，而且也很難判定，畢竟大部分領域都是概念性的、抽象且主觀的。你可能覺得自己長相平平，但對某人來說，你可能最是迷人。你可能覺得自己還滿幽默，但和金凱瑞相比，可能我們大家都很無聊。

人們還是會藉著一些愚蠢的基準來獲得自信：自己認為的正常、周遭的人，或電視上看到的一切。**每一個基準都由人所定義的，所以何不創造自己的呢？**

我轉變為不完美主義者的關鍵之一，就是製作一個自己的專屬信心。唯有你為自己定義、製作的信心才會是穩定的。否則，信心只會隨著你從外界得到的資訊而激烈起伏（你的基準也是）。我們必須掌握自己的基準。

## 設合理基準，增加自我肯定感

**評估**信心程度，然後隨心所欲變換——這不是對於自信的正確觀點。如果你不相信自己能講一場感人肺腑的演說，那麼再多心理建設也沒幫助。唯有練習才能逐漸改變。那麼，你同時還能做什麼？你要相信自己能夠發表一場糟糕、或一般的演說。

**建立強大自信的關鍵，就是看清楚自己現在能對什麼有信心，並從此建立自信。**

如果一個人對某件事沒自信，通常會傾向於使用情緒處理，而非更好的策略。但請記得：本書的主軸就是用行動策略取代情緒控制。與其調整自己，不如調整你的基準，因為後者更容易。

我舉自己為例。正如你在前文看到的，戀愛是體現完美主義最糟糕的領域。我的魅力和信心基準是詹姆斯·龐德，這讓我完全無法接近心儀的對象。這粉碎了我的信心，因為我不是龐德（但女士們，我很接近了……大概吧）。我沒有試著相信自己就是我就是007，因為這往往沒效果。我於是改變了我的基準。我揮舞著不完美主義的魔杖，把基準從龐德變成一隻巨大的陸龜。我當然比巨大陸龜稍微有魅力囉。

我對於實際行動的新基準，就是對女生說「嗨」。這是我決定自己有信心做的事，而且我做到了！不必讓對方開心或迷上我都無所謂。幾個月之後，我嘗試邀約陌生人，其中一位說我「很敢」，一定「超有自信」才會在健身房幾十個人面前，接近正在使用登階機的她。你可以看出我的自信迅速提高，為什麼？

想想基準的意義是什麼？如果詹姆斯·龐德是你與異性互動的基準，那真是高得離譜，但也是足夠的。因為你不可能達到龐德的等級之後，又開始不安，還想成為龐德2.0。不，龐德的等級就已經夠了。對我來說，說「嗨」就夠了。「足夠」是這世上與完美主義最相剋的概念。

當你設下了一個基準，讓你每次都能自信完成時，你就不會在乎完成之後會發生的事。如果你的基準很高，那結果就很顯而易見；但如果你將基準設定得很低，那你則會無法跟賽犬一樣，去追逐那隻討人厭的機器兔子。要讓自己在達成目標時，也同時得到成就感，因為這是你給信心打下的基礎。

這樣的附加優點是，在達到基準之後，你的表現更可能超過原先的基準。得到成就感你自然會更放鬆，不用老是想要「衡量」自己，而這就是自信的表現！這其實有兩方面。

能力與信心是決定性的兩個因素。

首先，你必須要能做些什麼，接著你要有自信去做。我剛開始設定「嗨」的基準時，我沒辦法每次都說得有信心。我對自己**說**「嗨」**的能力**有信心，而不是對我的自信有信心。此前，我當然不可能像龐德一樣，所以就很少嘗試、練習，也沒有機會培養真正的信心。基準不會讓你自動表現出信心（但你遲早會有，只會早、不會晚），這只是確保你有機會去練習。

想要信心十足的做某件事，你需要練習，因為信心是一種安慰。如果你對自己的木工技術有信心，你就會對此滿意。若你整體而言有信心，那你多數時間都會很自在。

自信的人不需要他人的認同或認可，因為他們的自信出於自己。自信是一種能透過練習來提高的能力。

## 過多潛規則

當你需要認同，你和自己的想法之間會立起一道牆。

正如各種完美主義類型，「需要許可」有害於我們的自由。你或許會開始認為，決定一定要有外界的驗證，否則就是風險太大——但這不過是為了增添一些舒適感與安全感（有點像是你的醫生說，你可以去做某些事）。

多數人的行為都太過依賴他人的許可，這可能出於成長環境，也可能是內在的不安全感。許可是我們外在生活的一個重要部分——我們周遭充斥著各種規則（規則，就是你是否滿足做某事的許可）。我們有聯邦法、州法、公司政策、社會常規和禮節，諸如此類。

為了維持秩序，有些規則有其必要性。但通常，我們卻會因此在一些小事上害怕自己違背了規則。下午三點吃冰淇淋可以嗎？走去跟陌生人聊天，在社會上是可以被接受的嗎？連續寄四封電子郵件給某人，合理嗎？就算答案是否定的，打破這些規則也沒什麼。

為自己的決定準備一張安全毯不但無謂，而且還有害，因為這會「訓練」你缺乏自信。自信的人不會尋求他人的許可。

所有的行為都有後果，但只有極少數行為會有嚴重後果。人們擔心著無傷大雅的結果，例如尷尬、或被拒絕。連續寄四封電子郵件可能令對方尷尬，或者因此拒絕你，但你堅持不懈的話，也可能因此脫穎而出。擔心不是上策，如果你想做一件事，而且理由充分，那就去做。

被拒絕會讓人沮喪，但要記得，拒絕和失敗只跟某一種情況相關：可能是某人、某個時間、某種方式，或是某個領域。單一次被拒絕不能連結到未來的所有情況。

## 尷尬癌的解方

尷尬對我們沒多少好處。你想得出這種感覺會如何改善你的生活嗎？尷尬的作用，是防止我們做出更尷尬的事情——但這是循環論證。痛苦可以讓我們避免更多痛苦，但它有個重要功能，就是保護我們。如果你感覺疼痛、卻繼續做引發疼痛的那件事，那你會遭受嚴重、甚至永久的身體損傷，因為疼痛表示你的身體受傷了！不過，尷尬除了本身帶來的不適感，幾乎也沒有什麼壞處。

換句話說，當你清除尷尬的感覺，這就不再是問題了。做出尷尬行為（在不傷害他人的情況下）唯一可能的壞處，就是和其他人變得疏遠。如果這允許你按照自己的方式生活（通常就是這樣），那又何妨？

一個人需要有感覺尷尬的能力，才能「保護自身形象」嗎？這到目前為止還是個懸而未決的極端問題。我這樣描述，是因為大多數人屬於另一個極端。為什麼連在鼓勵大家跳舞的地方，還是很多人不敢放開自己？

你有沒有在公眾場合，看到有人做出令人尷尬的事？那些人讓你感覺如何？你笑了嗎？你內心深處，是否有點忌妒這些人，因為他們不需要任何許可，就有膽量如此瘋狂？

對於尷尬反應的麻木，其實非常理想，因為它能給你自由。

世界上「瘋狂」的人都在這方面有優勢——他們不怕尷尬。多數人的行為卻都很溫順，就算感覺能自由行動，也不會做出真正令人尷尬的事情。

你看到這裡，如果覺得我是要鼓勵你裸奔，那你就錯了。我的意思是，尷尬本身並不可怕。只有當你常常面對它，才不會時時受它影響。完美主義者要克服完美主義，唯一的方法就是練習不完美。原因在於習慣。我們都喜歡安定的生活。

想像一下，如果你得穿著內衣褲走上舞台，在三百名觀眾的注視下跳個五分鐘。除了那些「特別」的人士之外，大多數人應該會難以承受這種尷尬吧。但如果你每天都做，持續一年呢？聽起來很瘋狂，但我敢說，你到了年底做這件事的時候會比較自在——甚至怡然自得。

除非違法或傷害他人，否則你不需要尋求許可、害怕尷尬。再不然，你就做自己。這要怎麼辦到？這也一樣需要實際練習，即接下來的叛逆練習。

## 破除討好的行動準則

要克服被認可的需求，合理的辦法就是做一些別人不認可的事情。你不必去觸犯法律，或對別人做出可怕的行為。叛逆，這個詞總會令人聯想到派對、非法藥物和不負責任的那種生活。但這只是一種特殊類型的叛逆——即對權威的叛逆。童年時期，我們總是活在某些人的權威下，從父母、老師到教練都是。所以我們常會將叛逆和權威聯想在一起。

但叛逆的範圍其實不僅如此。

- 你可以反抗自己平常的生活方式。
- 你可以反抗社會的期望。
- 你可以反抗同儕的壓力。
- 你可以反抗任何標準和期望。

有強烈認同需求的人，不會是叛逆份子。他們想盡辦法用自己的方式生活，因為他們凡事都要有個依循標準。或者，他們試圖找出一種最不會受到批評的生活方式。他們需要反抗對認可的需求，所以需要練習。當你不在乎他人認可，你就能自由做自己，做一些你未曾思考過的事。

認同需求可能廣泛，也可能聚焦。你或許會需要特定之人的認可、整個社會的認可，或同時需要兩者。在一個害羞的單身漢身上，問題可能在於他行動之前就想得到對方認同。他如果說出自己的感覺，對方可能不認同——這表示對方不認同他是潛在的交往對象，或是不認同他的說話方式。

叛逆，並不是麻木或邪惡。可能有這些特徵沒錯，但叛逆本質上，只是不讓別人控制自己的行為。在二十一世紀，掛著腰包就象徵叛逆了。

你不可能取悅所有人，甚至討好一群人也沒有意義。說到底，只要做自己，你自然會取悅一些人、又疏遠另一些人。你甚至連試都不用試，事實就是如此。

**對認可的需求，就是一種對你身分的侵犯**。這個事實引出了另一個事實：需要認可的人並不知道自己是誰。如果你知道自己是誰，用自己的方式生活會很容易。萬一不知道自己是誰（也許太年輕，或是太習慣跟隨別人），你就會在自己之外找尋自己的身分。

不要追求其他人的認可，否則你永遠不會認可自己。說起來很容易、做起來很難。你不可能迷失了許多年，竟在一夕之間找到了自己的身分。不過，有個步驟能幫你一把——叛逆。去反叛任何讓你生活正常運作的事物。唯有當你能自由做出選擇，你才會發現真正的自我。

**行動：**回想你所做過的選擇，是否受到認可需求的影響。是否受到喜歡窺探和批判你的人所影響？是否想追求某些家人和朋友的敬重？擔心與社會的期望不符而令自己感到不安？

你的叛逆計畫必須符合你目前的認可需求。以我個人來說，我對社會普遍的價值觀與評論最為敏感。因此，我的叛逆計畫包含了在公共場所躺下（做過）、像個傻瓜一樣跳舞（常做）、和異性聊天（越做越好），以及其他令人尷尬的事。每次練習之後，我都感覺自己充滿力量。這不是巧合，而是因為我向自己和周遭世界證明，我不受外界控制。

若你的認可需求朝向某人、或某群體，那麼請釐清他們是如何具體影響你的行為。舉例來說，朋友談論你真正喜歡的工作，會不會讓你很尷尬？你想走的道路和父母認可的不一樣嗎？（這比較棘手，畢竟沒人想讓老媽難過。）應對方式會依據每一個情況而有不同，你得權衡你和對方的關係，以及對方如何影響你的行為。叛逆會如何影響你們的關係？值得嗎？

如果認可需求是你無法擺脫完美主義的最大原因，那麼你就應該培養一個叛逆的微小習慣，每天練習。這可以很簡單。

你若是意識到自己正在對抗認可的需求，但你不知道哪一種叛逆比較合適，我會建議你以下的一般性練習。

更廣泛的社會叛逆練習，會讓我們知道**如何**叛逆，所以對個人處境有幫助。假如你想投入的生活必然會使某些人失望，那社會叛逆練習可能是個很好的開頭。再次強調，我在這裡指的不是那些「壞事」，讓別人失望有很多可能，像是跟窮光蛋結婚、找個違背家族傳統的職業，以及數不清無害但令人意外的選擇。

以下是幾個一般性叛逆的點子。

**在公共場所擺出自信的姿勢**。這是一石兩鳥的行動，結合了柯蒂的信心研究和叛逆，讓你在公共場所像隻鳥那樣展開雙臂，一舉得到兩個好處。首先，你會從化學層面提升你的信心；第二，你會看起來荒謬無比，所以是很好的叛逆練習。

**在公共場所唱歌**。你是否看過有人在公共場所即興高歌？我得承認，我還滿有意見的，但他們根本不在乎。他們覺得很好玩，正在享受人生。這是很棒的叛逆練習，因為非常容易（生理上，而非心理上），尷尬沒錯，但也有趣。歌喉很差的話，不妨就笑一笑。別人可能會覺得你瘋了，但這也是過程的一部分，表示他們不認可你。但大多數人只會認為你很搞笑。

**在公共場所躺下三十秒**。這個點子來自費里斯（Tim Ferriss）在他的暢銷書中《一週工作四小時》的想法。他認為這樣能擴展舒適圈，其中的巧妙之處在於：「不得毫無理由躺在別人面前」不知何故成為了社會的潛規則，但這樣做完全不傷害任何人、也不違法。這作法很安全又有效，能挑戰社會對你行為的控制。我建議在大賣場或商店裡這麼做，我最愛的變體是做伏地挺身。隨便找個地方，開始動作。我最近在一個擁擠的酒吧裡做了，附近的人群還為我拍照。

**帶個腰包**。你越年輕，就越有梗。

**和陌生人交談**。許多人覺得如果沒有好理由，那跟陌生人說話並不符合社會常規，我有時也這樣覺得。這顯然是錯的（任何常跟陌生人交談的人都能告訴你）。甚至有一項研究指出，和陌生人閒聊會讓我們更快樂。[1]這項研究測試了在大眾運輸中獨處或社交，受試者都說自己喜歡獨處，但根據研究結果，當受試者「與人交流時，他們的體驗會比不交流時更正面（且不影響做事效率）」。

完美主義者聽到這個建議，會抗議：「但我要跟陌生人說什麼？」要回答這個問題，得先回到你的基準。如果你沒信心進行一場有趣的對話，那就說「嗨」，這就算成功了；如果想到了更多內容，就算是錦上添花；如果很尷尬，那就太棒了，這是有用的叛逆練習！

**慢動作走路**。這是另一個吸引目光的無害社會行為。你也許會想：「太蠢了，這有什麼意義？」但有個問題更有意義、也更有趣：「為什麼這麼簡單的舉止卻讓人感到如臨大敵一般?」答案正是完美主義。社會期望我們的步行速度在特定範圍，走路的樣子也有一定的標準。任何格格不入的表現都會引人側目、質疑和批判。太荒謬了。

我們無時無刻都承受著合群的壓力。這讓我們更容易淪為完美主義。前面提到的練習，目的就是挑戰、揭露這些荒謬的社會期望。當你當眾躺下，或是慢動作走路，大家會認為你瘋了，你真的瘋了嗎?或許吧。但其他人的顧慮本身，其實更瘋狂吧。

我不是說你的人生永遠不需要他人認可。你當然需要。像是為了另一半的認可而努力，這當然是好事。但當你對認可的需求擴大到你所接觸的每一個人，而且在對於某個人或整體社會都想要得到認同——這種極端的狀況會帶來問題。那些無止境的陳腔濫調、期望行為，以及安於現狀的生活方式，會蓋過你真正的性格與個人喜好。

人們告訴彼此「要忠於自己」，但反而應該說「去莫名其妙地躺在地上吧」。你如果能做到，你就是忠於自己，因為你證明自己願意被批判，以此為代價來將常規置之度外。

假如你能在賣場地板上躺三十秒，那你一定能在日常交談間忠於自己，並在必要時說「不」。練習叛逆，讓自己從社會的認可中抽離。假以時日，你會活得更自由。（對你來說越瘋狂的點子，就更能讓你從練習中獲益。）

# 第八章

—完美主義的五個分區—

# 擔心犯錯

「錯誤是人類的一部分。欣賞你所犯的錯誤，這是人生寶貴的一課，只能從慘痛經驗中習得。致命的錯誤除外，但至少其他人能從中學到教訓。」

——艾爾．弗蘭肯（Al Franken），美國政治家

## 成果並非由錯誤論定，而是對錯誤的看法

在二〇〇八年的十大室內田徑錦標賽中，希瑟・多尼頓（Heather Dorniden）是女子六百公尺短跑選手中冠呼聲最高的。六百公尺短跑要繞著跑道跑三圈。選手就位後，槍聲響起。

比賽開始時勢均力敵。接著，在第二圈快結束時，希瑟突然領先，卻在超前第二名的時候跌倒了，直接「摔」到最後一名。她起身繼續奔跑，比賽評論員都為她惋惜。其中一人說：「她沒受傷真是運氣好。」另一人則說：「她的隊友跑到前面去了，說不定（團隊）能挽回局面。」

她決定完成比賽，這相當可敬。但她不但跑完，還贏得冠軍。比賽影片令人非常難以置信。有些人說，這段紀錄的價值就在於鼓舞人心。當我們看見希瑟摔到時立刻爬起來，盡最大努力去贏，這激發我們產生一種想法：「這就是生而為人的意義。」

這件事卻讓我另有啟發，而不只是受到鼓舞。想想：在所有參賽選手中，**這個獲勝的女孩犯了最多錯**。

再更深入地想，贏得比賽的女孩犯了重大的錯誤，輸的其他人卻沒有犯任何明顯的錯誤。我們常常以為犯錯表示即將失敗，但實際情況卻是，錯誤打擊我們，我們因此進入一種心態，最終才失敗。如果希瑟一跌倒就放棄希望，結果輸了，我們會說她是因為跌倒才輸的。但我們也知道，事實是她在跌倒之後獲勝，因此前述的假設有錯。如果她在跌倒之後放棄，輸掉的原因就不會是跌倒，她是因為失去了繼續努力的勇氣，所以輸了比賽。我很肯定，她很慶幸自己繼續努力。你或許也會開始思考，有些時候是否太早就放棄了。

勝利當然不是因為在比賽中途跌倒，卻往往是在錯誤中堅持下去。

## 擔心自己犯錯，會有什麼影響？

害怕犯錯，會使人更容易犯錯嗎？學界尚無共識。第三章提過的一篇研究發現，完美主義者在創意寫作任務上表現較差，這可能是因為擔心犯錯的想法影響了創造力。另外有兩份研究指出，擔心犯錯並不會讓學生在學術環境中犯更多錯[1]——但其中一份卻發現，擔心犯錯「會導致受試者把任務想得比實際中還難，焦慮程度更高，心境也更負面」。[2]

一項針對籃球選手罰球表現的統計值得參考。結果顯示，主場隊伍在關鍵時刻的罰球表現較差，進攻籃板方面則表現較佳。[3]主場球員多半會感受到現場球迷的支持，但也承受強烈的壓力，想著不能犯錯、希望不讓人失望。他們因此更專注在自己，結果更努力嘗試，進而分散了注意力，於是無法專注罰球（這個運動技能相對簡單）。

罰球是比賽中節奏最慢的，但爭奪籃板卻沒有時間擔心犯錯。球員在全場比賽中別無選擇，只能仰賴本能與潛意識的反應。此外，搶不到籃板不會被視為失誤，而只是錯失了一次機會。

這些研究顯示出，對錯誤的擔憂可能會增強我們在某個狀況下的意識，結果影響了犯錯的頻率。不過，這並不是問題的關鍵。

**擔心犯錯，會增加你對行動的焦慮和恐懼**。前面提到的研究都是從受試者行動才開始觀察。球員開始罰球，學生開始考試，但更多時候，你我會因為害怕犯錯，甚至連嘗試也不願意。

我們無法在這些研究和統計中，看出在真正行動之前，擔心犯錯到底如何影響動機，而只能看得出行動之後的發展。雖然行動後的內容比較有趣，卻與大多數人的關聯性較低，因為我們的問題在於「害怕犯錯而不敢行動」。完美主義的研究者休伊特和弗萊特簡潔描述了真相：「完美主義者只參與自己會有出色表現的活動，但這種活動非常少。」[4]

在討論解決方式之前，讓我們談談人們為什麼害怕犯錯。其中一個關鍵原因，稱為「冒牌者症候群」（Impostor Syndrome）。

## 忽略進步的冒牌者症候群

你非常擔心犯錯的話，也許是患有冒牌者症候群。這個心理現象可說是完美主義

3 clutch situations，表示距比賽結束不到五分鐘，或分數差低於5分時。

的雙胞胎。在心理學領域，冒牌者症候群指的是一個人表面上很成功，卻在內心深處，有著「取得成就，同時感覺自己正在強烈欺騙」的體驗。[5]這因此產生了一種情況：有些人看起來很成功，卻覺得自己只是個冒牌者。

一項研究顯示，這種定義下的「冒牌者」對錯誤比一般人更敏感、更焦慮。冒牌者症候群不代表你是冒牌者——而代表你覺得自己是冒牌者。舉例來說，如果你覺得配不上自己的資歷和聲望，就可能是冒牌者症候群。有些極度成功的人士，正因為自身成功而患有冒牌者症候群。

就連偉大的愛因斯坦也都表現出冒牌者症候群的一些跡象。這可能是因為人們常在他的名字前加上「偉大的」等形容詞。他在過世前一個月，對巴伐利亞的伊莉莎白女王（Queen Elisabeth of the Belgians）說：「大家對我畢生工作的過度尊重，讓我感覺非常不安。我不禁覺得自己是個身不由己的騙子。」[6]

愛因斯坦的「完美形象」並非自己創造，而是由社會賦予的，而透過社會的眼光來看自己，讓他感到不適。這通常就是起點。愛因斯坦知道自己會犯錯，也有許多缺點；然而，他的思想與作品卻因為深奧的內容，而受到信仰般的崇拜。這種不切實際的形象會讓人覺得自己是冒牌貨，害怕犯錯會讓真面目公諸於世。

想想社會給你貼上的種種標籤，有形或無形，以及這些標籤如何影響你對自己的看法。當我還是個沒工作的新鮮人時，我其實患有冒牌者症候群的相反狀況：我失業、求職沒有回音，但我覺得自己比這些事實更有資格與能力。結果在我寫了《驚人習慣力》之後，因為這本書的成功與讀者正面回饋，我卻感覺自己像是個騙子。

為什麼愛因斯坦的思想如此受到尊崇？為什麼他的成就如此獨特？世人之所以看重他，就是因為他和我們所有人一樣，都是個不完美的人。如果他跟所有人都是完美的，那誰都能輕鬆理解這世界，也就沒有驚喜了，不是嗎？**只有在我們覺得自己被要求完美時，我們的作為才會很平淡。**

令人費解的是，冒牌者會公開向其他人揭露自己的不完美。他們在乎特定方面的表現，卻不太在乎該如何完美地呈現自己。他們甚至渴望削弱自己過度膨脹的形象。

「湯姆森（Thompson）等人在二〇〇〇年的研究發現，相較其他人，冒牌者更害怕負面的評價，而他們取得成就的背後動機，在於滿足自己所認知的他人標準。」[7]

冒牌者會自己去衡量別人在特定領域的標準（但往往會高估），而相比之下，他們覺得自己有所不足。以下是冒牌者症候群如何阻礙行動：

「他們還會努力掩飾自己的不完美，不去參與可能讓個人缺陷曝光的活動。這些冒牌者的特徵，與完美主義者類似。完美主義者自我意識甚高，強烈渴望掩飾自己的錯誤，維護完美的形象。」[8]（福斯特等人在一九九五年的研究）

假如你在世人的眼中很成功，請記得，人類的成就之所以了不起，是因為我們都有缺陷（否則，成功就只是常態）。當你用這種眼光看世界，你就不會再有維持完美形象的壓力。假如你覺得人們希望你完美，你可以放心，因為多數人根本不在乎你在做什麼。

「做自己，說自己想說的，因為在乎的人不重要，重要的人不在乎。」

——著名作家蘇斯博士（Dr. Seuss）

區別在於你的著眼點，進而影響你的觀點：

- **不完美主義者看見並接受自己是不完美的，這讓任何成就都顯得巨大。**
- **完美主義者追求完美的理想形象，這讓任何成功都看起來像垃圾。**

對於冒牌者症候群患者來說，他們習慣用理想標準來評判自己的成就，這表示，所有的成就都會受到負面偏見的影響。那麼，解決方式就是專注在真實的自我——有瑕疵的那一個自我。拋去你的「形象」吧。真實的你就是基準線，而犯錯是其中的一部分。十分正常，而且在預期之中，一點都不奇怪。

解決方法不是忽視自己的缺點，也不是轉移注意力。唯有像朋友那樣接受自身缺點時，你才能真正克服缺點對於你信心和價值觀的束縛。

## 只有成功人士才會罹患冒牌者症候群嗎？

我們雖討論了冒牌者症候群與成功的關聯，但未有顯要成就的人也能體會到這個症狀：

「哈維的研究（1981）論斷，如果不將自己的成功內化，那麼誰都容易將自己看成冒牌者。這種經驗並不局限於非常成功的人。」[9]

有些人只是因為被愛，就覺得自己是冒牌者。他們不相信自己值得被愛，認為只要不小心犯錯，真面目就會顯露，因而不再被愛。他們可能會認為被愛與否，取決於自己是不是完美的另一半、朋友或父親，但他們知道自己無法維持那種形象。

除了有意識地專注在真實自我，對抗冒牌者症候群最好的方法，就是透過寫作記錄，將你的成功內在化。這樣做的時候，要知道任何人都有缺陷——這會使你放大成就感，而非削弱它。

**對抗冒牌者症候群的行動：**寫下你的成就，或是你做過最了不起的事。你寫在實體或電子的筆記本上，只要你感覺自己是冒牌者，就看看你這一張持續書寫的成就清單。投入時間去更新，那幾分鐘的努力會讓你終生受益。就算你不受冒牌者症候群所苦，這份成就清單也很有用。請隨著自己的進步，不斷更新清單。這也能成為個人的進度報告（包括達成的日期，從中知道自己的生活軌跡）。

冒牌者症候群是擔心犯錯的一環，正如擔心犯錯是完美主義的一環。現在回來談談我們對於犯錯的注意力，原因可能很單純，就是擔心犯錯之後的後果。撇除其他因素不談，犯錯本身就讓人不快。光是這個原因，人們想避免犯錯自然合情合理，但這卻往往導致被動、無趣且沒有收穫的生活。

回到愛因斯坦。想想他的許多成就，他似乎不因害怕犯錯而慢下腳步。顯然，他在晚年有一定程度的冒牌者症候群，但他在職涯中可能沒有；又或者，這並不影響他的生產力。所謂「doers——做實事的人」的特點，就是幾乎不怕犯錯，愛因斯坦就是這種人。事實上，他對犯錯的看法是這樣的：「未曾犯錯的人，也未曾嘗試新事物。」

我們的行為是恐懼和欲望的交互作用。恐懼大於欲望的人，通常很難透過行動來改善生活。正如他自己所言，愛因斯坦強烈的好奇心和探索渴望，超越了他對犯錯的恐懼。就像是樹林裡的一片迷霧：或許裡面有潛藏的危險，卻仍有神秘魅力吸引著好奇之人。然而，不是每個人都像愛因斯坦，有如此強烈的好奇心，渴望開拓新天地。

我們不是愛因斯坦，又該如何克服對犯錯的恐懼，降低隨之而來的焦慮，並自信地行動呢？

最大的問題在於，我們為了讓等式兩端達到有利的平衡，是該降低恐懼，還是提升渴望，或者兩者並行呢？別本書會告訴你，不如找個地方激勵自己（提高渴望），或者要你在面對恐懼的同時追逐夢想！但這些策略都無法實際操作——「面對你的恐懼」的想法轉瞬即逝，因為這是隔靴搔癢，只想解決固有的觀點與動機。

如果有阻止你行動的斥力，也有促使你行動的引力，那麼增加引力會比較聰明嗎？當然不是。大多數情況下，消除斥力會比較合理。如果不去解決內心的恐懼，那麼無論你多想要成功，恐懼會在原地搗亂。請別放任恐懼。讓我們重視恐懼，正如直面敵人的戰士。與其去增加渴望，不如找個策略來減少恐懼——接下來的策略是三管齊下的，可以觸及恐懼的核心，自然訓練我們不再害怕。

我們將從二元心態開始：這個策略不只有效，而且易於實際運用，很可能就是這本書裡面的「黃金屋」。

## 二元心態：做就是1，不做就是0

這個工具大概是我在這本書中最喜歡的。減少對犯錯的恐懼，就從改變觀點開始。意思不是說說「要選擇不害怕錯誤」而已，這種建議完全沒用。要是這麼簡單，我們早就不害怕了。二元心態雖然一樣簡單**卻很容易去實踐**。《驚人習慣力》已證明，解決方法不一定要很複雜才有巨大效果。

這是我在開發出微小習慣之後，最讓我振奮的一個概念，對我個人生活也有著深遠的正面影響。相信你已經充滿期待了，那就馬上讓我們看看二元心態吧！

### 什麼是二元心態

二進制是電腦的語言，僅由0和1兩個字元組成。當今佔據主流地位的數位科技，就是以二進制為基礎。

電視會收到數位或類比訊號（較新的電視和廣播都是數位的）。本質上，數位電視訊號是二進制資料轉換而成的影像。在數位訊號較弱的狀況下，只要有傳達數據本身，那影像就會是完美的。但如果是類比訊號，較弱的訊號則會讓影像失真。數位（二進制）的資訊是有限且確定的，而類比訊號的光譜基本上有無限的可能性。這和我們的行為有什麼關聯？

要停止完美主義的其中一個問題，在於**人們喜歡「完美」的概念**。完美非常令人嚮往，也因此，完美主義者一定會喜歡接下來要說的這種心態——二元心態。它會讓我們利用對完美的渴望，來打破完美主義的一部分（不想犯錯）。讓我們將任務本身比喻成數位與類比的電視訊號，我們會發現：我們不可能完美達成類比的任務，卻可以完美達成數位的任務（二元任務）與想法。因為類比要完美的話，那輸入的訊號就必須完美；然而，數位訊號就算微弱，結果也可以是完美的。我來各舉一個例子吧。

- **一般的二元任務**：假設你的任務是撥動開關，打開房間的燈。只要撥動開關，就完成了，很完美。就算你摔到了，膝蓋撞在地上，但你還是觸發了開關，成功實現開燈的目標，沒有灰色地帶。開關不是開就是關。在真正的二元型態中，上位是「1」，下位則是「0」。注意，這裡的重點在於你是否完成了任務，而不是做得多好。

• **一般的類比任務**：假設你的任務是發表演說，結果不會只有完美無瑕或是百分之百糟糕，而是在這兩個極端之間。你或許會說錯幾個字，做出尷尬的肢體動作，或是不小心停頓太久。你可能在講大道理時結巴，或是侃侃而談一些陳腔濫調。演說可能很順利，也可能有些波折；但無論如何，都會是有好有壞的類比式結果。注意，這裡的重點和開燈的例子相反：你在乎的是表現得多好，而不是有沒有做。

這些例子是兩種類型的「刻板印象」。然而，如果反轉一下，又會如何呢？很重要，因為這說明我們判定任務類型的方式，其實是一種選擇。（接下來你將看到，這是件好事！）

• **典型的二元任務轉為類比任務**：想像你的任務是撥動開關，但你必須用某種特定的方式完成，才算是成功。你決定必須讓自己的手指和開關完全平行，在切換的同時，你必須瞬間做出空中劈腿，然後用第七個八度（Seventh octave）的超高音說出「義大利麵」這個詞。（請把影片傳給我欣賞）。現在，你已經把典型的二元任務轉化為類比任務了。

就算最後成功撥動開關，過程中的錯誤也會讓完美程度受到輕或重的破壞。想想看：在試圖達成這些華麗要求的同時，你可能根本沒辦法撥動開關！

- **典型的類比任務轉為二元任務**：假設你的任務是在五千人面前發表演說。多數人在這個例子上會用類比思維，因為演講可能很棒或很糟，或介於兩者之間。然而，如果你認定站上舞台和開口說話，就算是成功呢？這樣就好。你站在台上說話，你就成功了。這樣一來，失敗的唯一可能就是不說半個字。就算演說錯誤百出，你還是拿到了「1」，而非「0」。你完美地成功了！

你覺得完美主義者的思維是哪一種？完美主義者完全屬於類比的陣營，因為他們希望細節都很完美。不過，二元任務的奇妙之處，就在於這種任務真的可以完美達成。為了當一個不害怕犯錯的不完美主義者，就幫自己建立二元任務，因為這很容易就能「完美地」達成。

一般來說，人們鼓勵完美主義者接受不完美，把這當作改變的手段。但最好的方法，其實是重新定義完美對自身的意義。使用二元任務，你就能用一種合理的方式來改變思維。將「在五千名觀眾面前演說」視為成功，其實合情合理。畢竟無論結果，去做這件事就是一項了不起的成就。

「完美」會用於描述事物。所以當人們以完美主義者自居，代表他們傾向在許多領域都追求完美。不過就算確立了是哪些領域，好比說一位「完美主義的作家」，整體卻還是相當模糊。他的目標是完美的文法嗎？完美的句構？完美的故事？完美的一切？所有事情都必須明確定義，才能當作目標。這種模糊的「完美」目標，造成完美主義者那些普遍、矛盾，且略帶諷刺的失敗。二元化會將完美目標簡化為具體、可行之物。也因此，這種方式能夠讓我們滿意——你能完美地達到可行的目標，從中獲得滿足感。

## 目標簡單化，成功率更高

我在第八章講解過「定義你的個人基準」的策略（以對女性說「嗨」為例），我接下來會用不同角度切入。理由是：我害怕在女性面前出錯，因為我渴望被她們認可。

你可以看出「需要認可」和「擔心犯錯」的強烈關聯。提升信心通常有助於這兩方面：你如果信心足夠，就不需要那麼多認可，也對自己的能力更有信心（而且不會受犯錯干擾）。在實踐時，調整信心基準和創造二元情境之間，其實只有一點微妙的差

圖2　提升信心的兩面好處

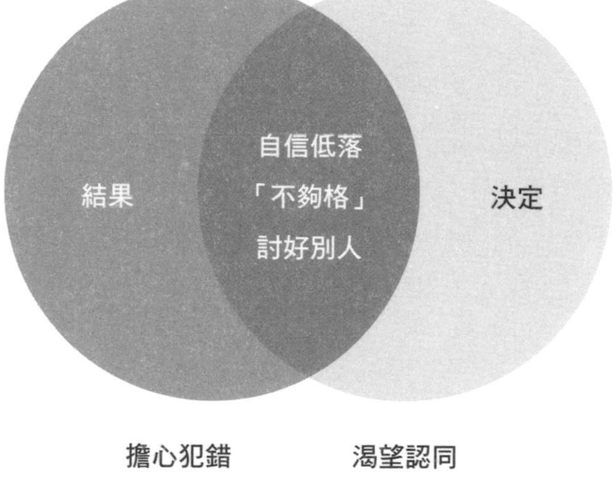

別。主要是兩者的焦點不同——調整基準是為了提升信心，二元心態則是為了減少恐懼。

我的案例屬於重疊區域，接下來會告訴你，二元心態如何助我突破窘境。

我曾經對異性相當害羞，我追求完美、害怕犯錯——像是說錯話、表達錯誤、無意的冒犯、外貌不出眾，諸如此類。我後來有所突破正是因為換了二元心態。我能清楚記得這個人生的轉捩點。

有一天，我在一家超市看見了一個女子，她讓我看呆了。我從來不敢跟這種類型的女生說話，因為風險很大，我覺得我一定會搞砸。但我思考二元的概念已經有一段時間了，我知道這是測試的好時機，於是制定了一個我可以實現的二元目標：

我對她說了「嗨」＝1

我沒做到＝0

這對我來說很有吸引力，因為這任務不但簡單（強迫自己說一個單字），而且這是我此生第一次，完全沒有需要後續完美對話的壓力。

我當然也可以說「嗨」之後，達成任務就走出店裡。於是，我強迫我自己走到她旁邊，跟她對看，然後擠出一聲「嗨」。她似乎有點驚訝，也回了一聲「嗨」。我什麼也沒說，繼續向前走。我很奇怪嗎？當然！她很困惑嗎？當然！我成功了嗎？是的。

我知道技術上來說，這並不完美，但沒關係，我贏了。就像微弱的數位信號可以產生完美的影像，我微弱的一聲「嗨」也是完美的成功。

當我內心因為這個小小的勝利感到喜悅時，我正假裝看著架上的散裝食品。有趣的是，她不久之後就靠近我。我想，我一個字的招呼引發了她的興趣，所以我就開口問候，進行了愉快但簡短的對話。我沒有向她要聯絡方式，我也真的很緊張，但對話本身就是一個意外收穫。現在，我更擅於去與異性交談，並交換聯絡方式，這都要歸功於二元心態。

關於二元任務、以及它能帶來的自由感，為了說明清楚，我要舉幾個常見的類比任務為例。如果將這些案例二元化，我們就能有豐富的回報。

**發表演說：**如果你發表了一場聽眾覺得超爛的演說，還能算是成功嗎？當然，只要用二元思維就行！為何不呢？演說本來就不是多數人天生擅長，這是需要練習的。

我一直覺得和演說相比，我更擅於寫作。這是事實，但我卻老是接受播客節目的邀請。我認為，答應的當下以及錄音完成時，就代表我成功了。經過十幾次訪談，我已經比第一場糟糕（又痛苦）的訪談進步了約三百倍——當然我還有許多進步空間。

我如果一開始就用類比思維來看，那麼考量到我的表現，我不會接受第一次訪談。可能出於意外接受第一次，但我會反芻思考，然後再也不接受（因為第一場太糟）。

**參加考試：**用很多方法可以將考試轉化為二元任務。考試的重點在於準備階段，所以你可以訂定成功標準開始：讀了幾小時算成功，或是每一頁教材讀了多久（而不是擔心自己能記住多少）。至於考試本身，「全力以赴，回答每道題目」的心態就是致勝心法。你在每一題都盡力，那就代表成功了。如果沒有通過怎麼辦？擔心不會改變結果，所以別擔心了！

**社交活動：**社交是我們生活中風險最高的活動之一，如果無法與人建立連結，我們就會感到寂寞，感覺自己沒有立足之地。這個世界是多元的，只要持續努力尋找，每個人都能找到另個接受自己的人。

你很害羞的話，我為你訂一條規則：如果你認為自己必須與人交流，卻有點膽怯，那就把正臉轉向對方，然後說話。你可能會像是個吞吞吐吐的傻瓜，但你剛完成了一件重要的事——你在練習。害羞的人或許會一輩子都學習某種「完美的對話方式」，但他們不會練習。「面向對方並說話」既簡單又有效。在表達自我、與他人相處方面，你越做得越多，就越能從中得到反饋，因此在談話中變得更自如、更熟練。我提過，我對異性會特別害羞。現在來看看二元思維帶給我的轉變吧。

- 完美主義的我：我該怎麼開頭？她知道自己很漂亮，讚美只會讓我顯得很平凡。我想親切一點，讓他知道我受到吸引，但會不會顯得太殷勤？或許可以開開玩笑？不過該說什麼？我不想用老套的搭訕金句，但可能很有趣，她可能會喜歡。和她說話不知道有多尷尬？唉呀！她五分鐘前就離開了。
- 不完美主義的我：我如果和她說話，那我就贏了。我會說「嗨」。

走到一個異性前面，鞋子打滑摔到，咳了三聲，說第一個字就結巴。然後經過了一連串的錯誤，跟她講句話——把這些看做成功，這就是真正的自由。

這麼做的另一個好處是專注。我們會感覺慌亂，通常是為了考慮無數的變因，還要擔心可能出錯的地方（類比思維）。我該說什麼？我出糗怎麼辦？如果她有對象了，浪費時間怎麼辦？這些細節都是無從知道的，所以在行動之前都不重要。讓我們停止無謂的假設，開始行動，用二元心態來實際解決問題。

## 不是所有的錯誤都一樣

或許有點不直觀，但洗衣服這件事是二元任務的一個好例子。我不太擅長洗衣服，光是烘乾機把衣服拿出來，我就常常會把衣服掉到地上。最近，我洗完衣服，把籃子歸位之後，才發現地上有一隻髒襪子！我沒洗到它，我犯了錯。

為什麼漏洗一隻襪子並不會讓人情緒崩潰？因為不是所有錯誤都一樣，為什麼？讓我們困擾的不是犯錯這個概念（掉了一隻襪子、沒按到開關，諸如此類）。我們害怕有一些錯誤會定義我們這個人。當然，這種恐懼只是誤解。短跑選手希瑟的獲勝就能證明這一點。定義我們的身分、塑造我們未來的不是錯誤本身，而是我們對錯誤的回應。

各種錯誤會給我們不同的感受，但我們對錯誤的反應應該一致——學習並繼續前進。或許有一天，我能把所有襪子都洗乾淨；但即便做不到我也會繼續自己洗衣服。

## 為什麼「簡單」可以對抗完美主義和恐懼

二元任務簡化了你的目標（按下開關＝1；發表演說＝1；不做＝0）。完美主義者的恐懼會讓他們被複雜的思緒淹沒。想透所有犯錯的可能性需要大量腦力。這種想法之所以對他們「有效」，是因為「一切都可能出錯」這種想法會導致巨大壓力、恐懼倍增，促使他們去安全行事，直到他們感覺找到解脫（直到他們又開始不安）。

經過說明，你應該看得出為何完美主義是拖延症的根本原因了吧？

**拖延症不是出於懶惰，而是恐懼、目標太過複雜而造成，兩種因素都源自完美主義的心態。**

二元心態是不完美主義的中心，是消除你對犯錯恐懼的有效方式。它的架構是：

不再感覺錯誤是個錯誤。二元心態之所以有力量，是因為它能對抗那些「幫自己找藉口的活動」，如看電視。它在簡化行動的同時，也消除藉口，讓你繼續前進。

以運動為例，我們不需要「很棒的」運動。這等於是消除了體力不夠、器材不好、時機不對、地點錯誤等藉口。關於那些藉口，通常不會表達某事「不可能」，而只會說「不夠理想」而已。如果你不需要「很棒的」運動，那就找不到任何藉口。從這點開始，「只要有運動就贏了」的想法會推動你繼續前進。

二元心態的焦點在於事實——到底有沒有發生？主觀的類比思維，焦點會在品質、影響、觀感、錯誤，以及整體表現是否接近完美。時常選擇二元心態，透過學習和練習，你就可以得到理想結果，而不用憂慮和擔心。

## 寫下你的成功定義

一般來說，人們認為錯誤就是退步；但對於二元思維的不完美主義者來說，發生在通往「1」道路上的錯誤，都是可以接受的。我想強調這個足以改變人生的觀念：

**把成功簡化、讓成功比失敗還容易的那些人，才能進入「成功循環」。**

你放眼望去，多數人都在以下循環之中：憂鬱—被動—憂鬱—被動、罪惡感—暴飲暴食—罪惡感—暴飲暴食，或疲憊—懶惰—疲憊—懶惰。這些負面循環很普遍，因為這是阻力最少的預設路徑，非常容易進入，人人都喜歡這種簡單的方式。也因此，我同樣把成功簡單化之後，生活就輕易得到改變（有些《驚人習慣力》的讀者也是如此）。

人性有好有壞，但我們都無法否認，人類老是喜歡阻力小的道路。當然，我們有時還是會不小心走上崎嶇之路，耗費大量的能量與意志！我住在美國，整個社會的發展都以輕鬆為導向。洗衣機就像個魔術箱，髒衣服丟進去就乾淨了；洗碗機是另一個，把骯髒的碗盤變乾淨；微波爐也是，幾分鐘就能變出一餐。電視則讓我們體驗別人驚險刺激的生活。我們熱愛這些神奇的箱子，因為它們讓生活更簡單。

我們喜歡簡單，所以強迫自己做困難的事注定無法持久。更有效的做法是把困難的事變簡單。有了這層理解，就知道為何我在健身（和人生）的重大突破，始於我胡鬧般的行為——每天做一下伏地挺身。這很容易做到。這摧毀了我對運動「應該是如何」的觀念。不久後，我對運動的完美主義就徹底破滅了。

隨時間累積成功的祕訣，就在於結合二元心態與微小目標：每天一下伏地挺身＝（二元的）1＝成功。二元心態重新定義了成功和完美，而微小目標會讓目標變得更簡化，讓你幾乎無法抗拒。

有錢人會更有錢，懶惰蟲會更懶，自信的人會更自信，結實的人也會更結實，而胖的人則更加肥胖。這是世界的常態，屬於錯誤的那群，當然令人沮喪挫折。如果你曾經陷入憂鬱、焦慮、暴食、罪惡感等負面循環，那你就知道負能量的影響力。你很清楚知道，負面的漩渦如何將最堅強的人打入絕望，最終屈服。但我想告訴你，那種讓人們陷入恐怖循環的原理，同樣可以幫助我們創造出向上的成功循環。

**讓成功變得比失敗容易，你就會成功了。**

## 線性成功 vs. 樹狀成功

要從完美主義者轉變成不完美主義者，難處就在於想出一種方法，不會讓人覺得你降低了標準（通常被視為錯誤）。二元思維是重新定義成功的一種方式，但還有其他有用的方法，可以讓你行動得更多、害怕得更少，最後迎來更美好的人生。

不完美主義者，其實是一種特殊的完美主義者。**他們期待完美的過程與堅持，而不是完美的結果**。每天都有進步會如何？如果你的每日進步紀錄很完美呢？如果堅持下去，就算是細微或是平庸的進步，很快就會累積出大改變。

大部分的人早已了解，人生的關鍵就是做出正確的行動。這不代表要瘋狂工作，沒有那麼狹隘。行動這個詞，有時表示你需要在該充電時看一場電影、睡個午覺，因為休息是追求平衡和健全生活的重要元素。然而，不理想的模式則是生活被動，隨波逐流，從不主動決定自己的方向。

## 進步就是成功

我如果向前摔倒了，至少也比原地不動還往前一些。如果一個行動對你有幫助（無論多細微、多不完美），那它就是好事。完美主義者的腦中，卻扭曲了這種令他們不適的簡單真理——這是我這個前完美主義者的經驗談。

完美主義者對於成功的定義，讓他們在做了八十下伏地挺身之後，還是覺得自己很失敗，因為離目標還有二十下。訓練會強化他們的身體，但他們的未來卻會被這種觀點給破壞。你認為表現不完美而苛責自己，這可以激發你短期的表現，所以很多人會這樣做。但長遠看來，你是在傷害你的價值與能力。就算傷害不大，還是遠遠比不上每一次讓我珍惜的小小進步。

自我懲罰的動力撐不了一晚，但透過聰明的行動策略帶來的自我鼓勵，動力卻能持續一生。

透過練習微小習慣，我發現去珍惜每一次進步就可以改變人生。我也發現這種心態很少見。當一個人抱著這種心態加上練習，就可以系統性地打破「不夠好」的障礙。這不是要降低標準，而是將成功重新定義為進步，並提高你對堅持的標準。

你如果能理解，那就能真正只做一下伏地挺身，然後覺得自己很不錯。你可能已經習慣了那些「正常目標」，但奇怪的是，只要開始照著上面的方式做，你很可能會沉迷在每天都能成功的快樂之中。

## 非典型成功路徑

我們從出生起，受到的教育就是要追求大大的成功。在學校，我們整學期努力念書，參加期末考，希望能拿到一個大大的「A」。出社會後，我們參加求職面試，想得到一份大大的工作。我們看見其他人設定一些遠大的目標，像是減重五十磅，並聽到成功者的經驗分享。這讓我們誤以為成功的本質就該如此——先投入大量的努力，然後取得一次性回報。

這整套哲學，卻被一個簡單的問題破解：最低限度地做一件事情，難道有可能讓你更想多做這件事嗎？樂事洋芋片的廣告詞是「停不了的樂事」，而嘗過勝利滋味後就停止則有違人類本性。成功之於我們，就像鮮血之於鯊魚！樂事公司知道，品嘗美味的洋芋片就是一種成功（獎勵），我們因此想重複。這就是組合式的成功。

有些人漸漸相信，必須先有一個大小正確的目標，才能開始做某件事。他們認為，為了達成二十下伏地挺身，一開始就得瞄準「這整塊」目標。目前為止，已經有數萬人都透過微小習慣來推翻這個理論。我收到數百人的分享，他們興奮地說出自己如何不斷超越最初的小目標。

成功在本質上，並非社會形塑的這麼「大塊」而是「組合式的」。就算有些人得到了這種塊狀的人成功，但卻不會因此到達新的高度，因生活需要能量來源。

還有另一個影響因素，也就是自主性（自由）。這代表你能自己做決定，而這些決定對你具有意義。當你設定了一個很高的目標，你等於是放棄了對目標的掌控，失去自主性。你會對新目標低頭。更慘的是，這目標可能只是一個任意數字或社會標準——像是減重五十或一百磅、或一週去幾天健身房。它就像是你的父母，跟你說不能不運動，而且「它說了算」。你試著忍受，貫徹你一個月前所做的這僵化的決定。

這是一種輕微的自我懲罰，看出來了嗎？在各個領域都相同，自我懲罰可以暫時有效，但沒多久你的內心就會產生抗拒，你的潛意識會拿起武器、放聲尖叫。在孩子身上，抗拒會類似於鬧脾氣；在成人身上，抗拒則會像是沉迷電視、上網浪費時間，或是能逃避目標的各種方式。

把成功定義為進步，它就會變成組合式的。你會更常得到成就感，為之後的進步打下堅實的基礎。

# 第九章

—完美主義的五個分區—

# 對行動的遲疑

「一個現在馬上開始的好計畫，勝過下週才能做的完美計畫。」

——喬治．巴頓（George S. Patton），美國軍事家

在當下或某些情況，如果你對行動有一絲遲疑，最可能的反應是什麼？就是推遲，推遲到有把握為止。

對行動產生遲疑的主要原因，就是預測。預測通常是在推測、想像一種結果，但這並不準確。你有注意到嗎，有時在做一些需要努力的事情之前，腦袋會下意識將它視為非常困難、不愉快的事情。這是有原因的。

在定義中，潛意識的特性就是排斥改變，這會影響我們的意識，讓我們認同這種想法。做出不正確的預測就是潛意識的影響手法之一。曾幾何時，我想開始做三十分鐘簡單的運動，但總是覺得太難、太辛苦，而且不值得。而當我從一下伏地挺身開始，然後慢慢提高到三十分鐘的運動之後，我才發現最初的預測有誤。沒那麼難，而且很愉悅，我覺得值回票價。

完美主義者要執行計畫會先碰上大麻煩，他們站在完美計畫的另一頭，預測會變得更加脫離現實。你期待並渴望完美，但就算你預測的是現實，那也會造成麻煩，可能會讓你不想行動。去預測任何決定、行動的最終結果，總是會讓我們看到事情的缺點。

## 做預測與行動的時間成本

預測的問題在於，它只是一種假設。你每天都可以預測，但唯一能知道事情發展的方式就是嘗試。一旦嘗試，你就會發現原本的計畫有問題。找出問題點，未來你就更可能察覺錯誤的預測。

我每次鍛鍊時都會對照結果與計畫，直至今日，實際狀況每次都變得更好。現在，我如果不想鍛鍊並開始預測，我也有豐富的經驗來克服。對我而言，我的預測傾向會假設：我在運動過程的狀態是靜止的。但實際上，在我開始動作、血液循環加速之後，運動就會相對容易，因為身體已經「切換模式」，從靜態轉為動態。推測者很少考慮這些因素，就算他知道這是事實！

從害羞走向社交的人們（包括我在內），就是透過強迫自己社交去取得經驗。他們逐漸了解到，社交並不像他們一直預測的可怕。

你以為我寫第一本書的時候，會預測它會成為國際暢銷書嗎？當然沒有！我對內容的價值很有信心，但在寫的時候，我不得不處理這種預測：我要花好幾個月來寫，很少人會買單，我如果沒有本業就會流浪街頭。我知道唯一能確定結果的方法，就是寫出最有用的書，盡我所能讓讀者看見這本書，然後觀察如何進展。而結果改變了我的人生。

你要是做了一個假設，像是「我永遠不可能以〔自行填入夢想中的工作〕維生」，那你永遠不會去試。如果嘗試卻失敗了，請記得，所有經驗都必須經過分析，才能知道其中的機率與失敗比例。多數追求目標的狀況都是機率問題，需要多次嘗試才能有好結果。所以在一次壞結果之後就放棄並不合理，因為你才剛體驗過。

預測很常見、也很簡單，但這方法其實很糟。它沒辦法讓你真正踏出第一步，去搞清處事態到底會如何發展。

為了有更好的效果，你不妨在預測時一一寫下你的預測。然後開始實驗，在寫下實際的結果。我保證，當你把預測跟實際結果進行對照，一定會眼睛為之一亮。

不想寫東西的話，那就留意你的預測，然後在心裡記下你如何評估人生重要領域的任務吧。如果不知從何開始，可以先找一些常見的阻礙，像是運動、工作、家事、回覆電子郵件、閱讀、學習語言或練習樂器。會讓人心生抗拒的領域，更可能助長預測——因為當你抗拒時，表示你潛意識想要做些其他事，因此會預測出一個有偏差的結果，在你腦中種下遲疑的種子，藉此達成目的。

預測有時很模糊，像是假設過程會不開心，或假設可能在某方面有不好的結果。模糊的預測可能會很嚇人，因為比起具體的問題，模糊的問題非常難解決。但你可以把自己模糊的預測拿去跟結果比較，看看準確性如何。

你有些預測會成真。這樣的話，至少你會知道自己真的討厭除草（我也是）。又或者，你就算真的討厭運動，但還是想為了健康而運動，至少你也可以有更多的資訊去解決問題——找出你不喜歡運動的哪些地方，制定一個生活計畫，再盡量減少那些地方。

## 預測和拖延的關聯

如果對於行動有所遲疑，你會怎麼做？很可能什麼都不做。拖延症是遲疑的常有反應。

關於拖延症，每個人都有一套自己的理論：

- 因為我們害怕眼前的任務
- 因為我們把時間都填滿了（帕金森定律）
- 因為我們沉迷在玩《糖果傳奇》（Candy Crush）

拖延症的理由因人而異，但通常都無助於解決問題。讓我們來看看拖延症的運作結構，來找出根本原因。首先，我們知道拖延表示沒有做出「行動」的決定，或者沒有按照決定去行動。決定是優先的，所以從這裡開始談起。

## 越重要，越會拖

拖延症最實用的解釋是：未能進入實踐階段。

做決定時，我們會先思考（權衡各種選擇）再實踐（行動）。對於行動的遲疑，並非總是在懷疑行動本身好不好，而通常是在該不該做決定。去做一件事，表示你有一段時間會不能做另一些事。有些人會因此害怕自己沒辦法做出最棒的決定，而陷入選擇困難。

你如果可以專注投入在一項任務，那你的思維就會切換到實踐階段，並且採取行動。我們的目標就是從思考過渡到實踐。學者沃斯（Vohs）和布麥斯特（Baumeister）的說法是：

「要從第一種思維模式進入第二種，表示要終止深思的過程，然後開始行動去追求選擇。……哲學家希爾勒（Searle，2002）討論過兩者的差異，認為理性的前提是某種程度的自由意志（或對於行為的目的性控制），因為理性分析是沒有實際效用的，除非人類可以根據分析結果去行動。希爾勒進一步強調，人們可以意識到某種做法的背後原因，卻同時無所作為，這再次證明了思考跟選擇這兩個階段可以分離。」

上述文字有些囉嗦，但意思是：拖延者沒辦法投入單一的（有價值的）行動。他們不會放下深思的心態。你當然可以說他們選擇了其它行動，但這也表示他們沒去實踐一個有價值的承諾，而選擇原本預設的。

這就引發了另一個問題：為什麼拖延症患者會推遲對重要事情的承諾？

## 完美主義的低執行力

完美主義導致恐懼，否則就是恐懼引起，這取決於個人狀態。你如果感覺害怕，那麼脆弱的心理狀態會希望一切都完美進行（或根本不進行）；而如果你是一個要求絕對的好結果的完美主義者，壓力會把你嚇倒。完美主義和恐懼是天作之合。

對我們來說，最重要的任務當然最為可怕。恐懼驅使我們選擇零風險、不重要的「填充式」活動（也就是說，反轉了我們的優先順序）。當你的優先順序被顛倒，你可能會發現自己把雜亂的手遊或社群軟體視為必須完成，卻忽略了你真正想做的事。

許多人都用完美主義當藉口，像面具那樣掩飾恐懼。在面具之下的他們害怕面對這個現實：我們擁有的只有不完美的行動。（注意：我說的不是臨床上的強迫症患者，那是另一回事）

當完美主義改變了你的優先順序，你的生活可能會被毀掉。接下來將會討論完美主義和拖延症的關聯。

拖延的表面好處（保持三思而後行的心態，諸如此類）讓它維持著完美的錯覺。

只有當你扣下板機說「我現在就要開始寫我的書」，你才會完全暴露在不完美的浪潮中。這種浪潮會讓不完美主義者懷疑，包括自己狀態不對、缺乏靈感、沒有寫作動力、時機不好，或是莫名對自己沒信心。在行動之前，你看似可以用完美的心境、完美的靈感，建立一個完美結果。但只要你開始行動，你就會被現實的不完美狠狠打擊，一點也不好玩。

雖然我們都知道要努力付出、灰頭土臉才能做出有意義的事情，但我們對於工作與生活的美好幻想卻不會消失，因為這是情感上的渴望（而非邏輯上的）。現實生活中，工作條件和結果從來都不完美。例如，我寫這一段的時候，有一隻非常熱情的貓咪正在蹭我的大腿……還有其他部位。這讓我的效率不完美，害我發癢、大笑，但我繼續（盡力）寫下去。

學習如何把事情做得更好，其中一個最有效的方法，就是去觀察已經做得很好的人。電影裡的英雄面對死亡時都無所畏懼，但你有沒有發現，他們也從不拖延？

## 好萊塢教我們的事

事實證明，電影英雄的勇敢本性和毫不拖延的特質，其實密不可分。

龐德（比多數人勇敢）會不會這樣想：呃，嗯，或許我們應該……不，我不知道該怎麼辦？我寫這句話的時間內，他早就快速、堅定地做出決定了。決定有時是錯的（不完美！），他突然看見有三把槍指著他的腦袋。但你猜接下來會如何？編劇會跳出來救他——好吧，先不講**機器神**的梗。龐德會適應狀況，然後克服萬難。如果你想成為真正的不完美主義者，「適應」就會是最棒武器！意思就是：你會成功。

難道你不認為這就是人生的關鍵嗎？行動、適應、克服！比起站著不動，等待能保證有最棒選擇的訊號，這三個步驟更刺激也更有生產力。

你如果願意在不完美的狀況下，下不完美的決定、做不完美的行動，你就可以戰勝拖延症。

在每個階段都接受不完美，你的藉口自然會消失。由於這將失敗納入實踐的一部分，所以可以打消你對失敗的恐懼，讓你這樣想：「我知道不會很完美，但可以進行下去。」

## 完美決策者的悲劇

我要告訴你兩個年輕人的故事，分別稱為甲（完美決策者）和乙（不完美決策者）。這兩人都想交女朋友，來看看會怎麼發展吧。

**第一回合**

乙走向一個女孩，向她告白。對方退後一步，回答：「不。」

甲遠遠觀察著女孩。他想像著最浪漫的行動，或許是盪著樹藤，嘴裡咬一朵玫瑰花，邀請她共舞——當她開始好奇這位英雄的身分時，轉身卻看到一團樂隊。他們跳一整晚的舞，直到太陽緩緩升起。落幕。

第一回合：甲獲勝了，他沒有被拒絕，而且他得到最美妙的幻想約會。

**第二回合**

乙走到一個女孩面前說：「哈囉。」她說：「嗨。」然後談話結束了，她匆匆離去，簡直像趕著被總統召見。

甲看見一個女孩，思考著可以說哪些巧妙的台詞：

- 「鞋子很漂亮。」——不，奉承的感覺太刻意了。
- 「今天天氣很好，對吧？」——絕對不行。無聊的寒暄不會留下好印象。
- 「你以前有來過這裡嗎？」聽起來像是跟蹤狂會問的！想都別想。

第二回合的贏家：甲。他避免說錯話，或讓女孩離去。

**第三回合**

乙走向一個女孩，露出微笑。她也微笑，他們四目相交。他說：「嗨，妳好嗎？」她回答：「我很好，你呢？」

「我現在好多了。」他傻笑著說。她賞了他一巴掌。

甲看見一個女孩，對她微笑。她一抬起頭，他就移開視線。「她發現我在看她。」他想著：「也可能她對我有興趣，但如果我盯著她看，她大概會拒絕我。或許我先得等她看我。但你知道嗎？我在超市裡面，這本來就不是個認識人的好地方。」

第三回合的贏家：甲獲勝，因為他沒挨巴掌。

三回合過後，來看看結果吧。哇！甲痛擊乙，後者還犯了好幾個尷尬的錯誤。讓我們就此結束、重新開始，好嗎？什麼聲音？我聽見有人要求再比一回合。這就怪了，勝負早已分曉了啊！甲還沒做過不好的決定！喔，好啦，那就第四回合。

**第四回合**

有個女孩走向乙，說：「嗨，我以前也是維吉尼亞大學的。你哪一年畢業？」他們聊了一下子，而他小心翼翼地從過去錯誤中吸取教訓。他沒有馬上告白，也沒有開冒犯人的玩笑。他決定做自己，而且因為他現在能自己跟女生說話，所以他真的能做自己。他們交換了聯絡方式，並有了美好的初次約會（旁邊彷彿有《阿凡達》裡面那些飄浮的神奇光點）。

有個女孩走向甲，說：「嗨，我以前也是維吉尼亞大學的。你哪一年畢業？」他根本沒準備好和女性交談，所以緊張極了，整段對話都很勉強。他做過了數千次模擬，卻沒有一次是這種狀況。他過度緊張，說出了一些有違他個性的話，所以讓對方留下沒自信的印象。她藉故離開，說自己還有約。喔，當然有啦。

第四回合的贏家：甲……呃，等等，什麼？是乙贏了這一輪？怎麼可能？

當然有可能，因為當甲忙著擬定完美計畫時，乙正從現實世界的經驗去學習。完美決策者（甲）在策略上有一個巨大問題：就算有完美的決策機器，你也沒辦法用不完美的資訊做出完美決策。為了做出完美決策，參考的數據和資訊就必須完全精確。但最重要的資訊只能透過不完美的試驗來取得。這對於想永遠做出正確決策的人來說，永遠是個大難題。

我們以為完美決策就是人生的聖杯，但不完美決策者（乙）之所以獲勝，並不是因為做出完美決策。反之，他犯的錯顯然比完美決策者還多。但如果犯錯並不會造成永久傷害，這其實是有幫助的。乙每次被拒絕或挨巴掌，都讓他更知道自己的表現狀況，也能讓他跟女孩相處得更輕鬆。回顧先前經驗，那些錯誤選擇都是最好的選擇。真實人生也是如此。

當你暴露在各種情境下，你的外殼都會因而變得堅硬，能對抗痛苦和刺激。每五年才被異性拒絕的人，感受會比每週都被拒絕的人更強烈。時常發表糟糕演說的人，反而不會像第一次演說的人那麼難受。這就是我們大腦的設定。正如心理學家費里達（Nico Fridja）所言：「持續性的快樂會漸漸消失，而持續性的逆境也會漸漸不那麼令人痛苦。」[1]

讓遲疑阻止自己的行動，你就沒辦法過著充滿意義的人生；你如果全力追求自己渴望的事物，那你總有一天會解決問題。試錯的方法，是經得起時間考驗的進步法則。

行動容易遲疑的人，可以用什麼技巧來幫助自己改善？之前，我們討論了拖延症患者為何難以脫離深思階段，因為他們懷疑自己的想法，也懷疑這個想法是不是當下最好的選擇。以行動為基礎的解方很簡單：速度。

快速決策，是人類最被低估的一種能力。這跟任何技術一樣，可以透過練習來提高，讓你在面對改善人生的重大行動時，立刻突破大部分的小小遲疑。來看看如何更快速地做決定吧。

## 更快速地做決定

決策並不容易，因為需要考量到很多變數，像是時間、難度、回報、風險、替代方案和期望。在某個時間點，要選擇寫故事、運動還是彈吉他似乎就夠複雜了。大腦的一個艱鉅任務，就是找到一個能斷定「最佳決定」的區分要素。但掙扎不僅於此。

你可能會計算出，彈吉他是當下最好的選擇，但還記得前面討論的深思和實踐嗎？記得完美主義者如何陷入「完美選擇」的困境嗎？如果你對於實踐有所遲疑，**就算這只是暫時的，但你很可能會在行動之後深思，然後迷失在那些繁雜的細節之中。**更糟的是，這還可能變成習慣。

與其養成反覆深思的習慣，不如養成快速扣下板機的習慣。你可以當一個每次都找機會進入實踐性思維的人。實際上，這就是我們所有人都希望的狀態。實踐代表行動，行動代表學習與進步，最終導致成功。

不過，我不是要建議你盲目地開始，我們應該先看看思考的界線——如果超過這條線，思考就對我們不再有幫助。

**只要你知道一件事的利大於弊，那就去做吧**。而且要立刻做，除非你手上還有其他非常重要的事。不要想著先吃點心，或看一下臉書。這些都是精神上的片段，會讓你偏離最初的想法，迫使你再經歷一次深思的過程。

這就是戰勝拖延症的關鍵方法。當這個過程發生在你腦中，有時並不好去解釋，但你會想：「是啊，我想我有時間運動。」於是就下了決定。你如果有時間運動，而你想要讓運動成為日常，卻把運動拿去跟你能做的千萬種活動比較，簡直一點好處都沒有。我最近不斷練習這個方法，真的有助於讓我盡早行動。另一種方法是讓你的腦袋關機，除非必要，否則不讓自己過度分析。

## 模糊的危機感（通常是錯的）

想像有三個人持槍對峙，他們都用槍口指著另外兩個的頭。你覺得他們能快速行動嗎？大概沒辦法。開槍的決定不但風險很大，而且可能沒有任何回報，甚至導致至少一方喪命。在這種情境下，深思非常重要。

回到我們生活場景，做決定通常和閱讀、寫作、報稅、運動和與朋友聊天相關。這些活動風險都很低，機會成本也很低，這表示幾乎不可能出錯。我從來沒有在洗完衣服之後痛哭，還需要幾天來平復傷痛。可是這還是很容易拖延，為什麼？

這些因素都考量進去，答案呼之欲出：**我們（習慣性地）假設，由於大腦是非常精巧的分析儀器，我們應該在每一個很小的、微不足道的……的決定中都好好運用。**

如果考慮的是婚姻對象、貸款方案，或是職涯選擇，那麼大腦強大的分析能力就很有幫助。但在簡單的事物上，卻會適得其反。

## 如何藉此摧毀拖延症

要注意錯誤選擇的真正風險？如果是洗衣服、彈吉他這兩項活動，其實沒有錯誤選擇，除非你已經沒有乾淨的襪子穿了。如果是選擇晚餐要吃牛排還是鮭魚，我推薦鮭魚，但這並不值得浪費太多決策能量。如果你要挑選閒暇時間的活動，那就從你的好點子裡挑一個，好好享受就好。

因此，我們必須：

- 接受不完美。
- 考慮做錯事的真正風險和後果（幾乎都是零，因此消除了「正確選擇」的壓力）。
- 簡化你的思考，停止過度分析每個選項。如果某種活動是好的，那就去做。這種層次的思考有如原始人般簡單，卻非常有效。

盡可能快速、無阻力地轉移到實踐思維的模式，可以讓你節省時間與精力，做更多你想做的事情。決策是由前額葉皮質完成的，會消耗大量能量，所以加速這個過程可以節省許多能量！

## 截止期限的拖延症

談到截止期限，你可能會想到一些有截止日的各種專案。那種狀況下，你有明確的目標、時程，但你經常發現自己拖到最後一刻才行動。這和前面討論的沒什麼不同。雖然目標明確，而且必須在特定日期之前完成，但你卻沒有明確的起始點，所以目標就被丟到其他不那麼優先的活動中。

有兩個方法能克服這個問題。

**方法一：**短期的解決方法是訂定時間表。簡單有效。

**方法二：**長期的解決方法是重新訓練自己。只要你覺得現在可能是一個適合開始的時機，那就去做（停止深思過程）。

不要考慮，立刻行動。充分練習後，這就會成為一種做事的新模式。還有個額外好處——習慣快速決策的人，會給人自信無畏的印象。

如果結合第五章的內容，降低行動標準，你就更能做出快速的決策。我最近讀了一篇部落格文章，作者全文都用手機打的。他在公車上，打算發文卻沒有帶筆電。包含我在內的大多數部落客，都有個行動標準：「只要筆電不在身上，我就沒辦法寫作和發表文章。」但他降低了行動標準，所以能在不理想的情況下做出有生產力的決定。假如他對行動的標準太死板，他可能會遲疑該怎麼做，而在過程中浪費許多時間和精力。

## 兩分鐘原則

兩分鐘原則是可行的技巧，能幫助我們減少缺乏效率的深思。我在大衛・艾倫（David Allen）的著作《搞定！》（*Getting Things Done*）中讀到這個原則。規則是：如果做一件事只需要不到兩分鐘，那就不要再想了。由於深思需要大量的認知能量（仰賴前額葉皮質層的分析能力），會導致效率低落的問題。這個法則很聰明，因為兩分鐘的深思與行動相比，深思永遠不會值得。

行動不會超過兩分鐘的事情，包括：

- 整理房間、用吸塵器清潔地板。
- 完成洗衣服的某個階段（洗淨、烘乾、整理）。
- 倒一杯水。
- 寫一封電子郵件並送出。
- 進行任何微小習慣。

我們來複習一下如何更快速地做出決策：

1. 注意真正的風險。
2. 每次都盡快結束深思階段，並承諾完成一項任務（降低行動標準、追求「好」的選擇而非「保證最好」的選擇，會有助於實踐）。
3. 遵循兩分鐘原則，來排除不必要的過度分析。

4. 練習以上方法，你就能更快做出決策並開始行動，從而打破拖延的習慣！

## 做出好決策的所需最少資訊

懷疑會讓我們渴望更多資訊。在灰色地帶中，更多的資訊就可以改變我們的動向。所以，我們有時會感覺拖延症可以提高生產力。

如果你覺得需要更多資訊才能決定，你可以稍後再做決定。這有兩種可能：

1. 你可以得到更多資訊，讓決策更簡單。
2. 你無法取得更多資訊，或是不影響決策。

當你發覺自己在拖延或遲疑，問問自己是哪一種情況。事實上，拖延做決策通常都不是正確選擇。因為就算需要更多資訊，你也可以決定去找新的資訊。如果新資訊無法幫助你做決定，那還是趕快做決定比較好。無論是上述何種情況，你都是積極主動地做出選擇，而非拖延。

例如，你正在考慮弄一座花園。這個任務沒有急迫性，你會覺得晚一點開始也無所謂。此外，在動手之前，你也想多了解一些園藝的知識和技術。這兩項因素（資訊太少及時間過多）會很容易你的花園成為一個「夢想」，而不真實存在於你的後院。

我喜歡的解決方案，就是先開始，然後看看會如何發展。

二〇一一年，我就有這種問題。我想架設一個網站或部落格來分享自己的想法，但來日方長，我對這方面也沒有足夠的資訊或先備知識。後來，我選擇一頭栽進去，邊做邊學。我知道第一步是註冊網域，所以在deepexistence.com上註冊了。這啟動了一切。我學習、試驗、寫部落格。四年之後，這個決定改變了我人生道路。

## 風險、回報和可能性

一般來說，我們做決定所需要的資訊量，遠比我們以為的少。那些不斷蒐集資訊的人，可能是在信心上有問題。自信，就是進入一個未知環境之後，還相信自己可能安然度過。要相信自己，根據需求來適應不斷變化的環境，而不是希望做出完美的決定。

在極少數情況，你確實會需要更多的資訊和研究；但多數時候，只要思考這些問題就夠了：

1. 最糟的情況是什麼？發生的機率多高？我可以從中恢復嗎？
2. 最好的情況是什麼？發生的機率多高？會有多好？
3. 最可能發生的情況？

你可以用一到十的分數來評量，十是最極端的狀況。假如一件事情潛在的優勢是十分，弱勢則是四分，那這大概就是個好點子！這個簡單的方式，可以讓風險和回報更加具體，也讓你得到更多判斷的資訊。

以花園作為例子：

1. 最糟的情況：七分。努力了幾十個小時之後，突然有天然災害或病蟲害摧毀了花園。或者開工後，我才發現自己沒有時間維護。機率：不太可能。不太可能發生，雖然這種狀況很可怕，但我可以撐過去，而且我還是從中學到了園藝知識和經驗。

2. 最好的情況：九分。我會有一個美麗的花園，有新鮮、健康的蔬菜，而且沒什麼大問題！機率：有可能。方法正確就有可能。自己栽種的南瓜真讓人無法抗拒。

3. 最可能的結果：我會有一座偶爾發生天然災害或病蟲害的花園，但仍然可以種出不錯的蔬菜。

大多數人對於風險和回報只有一個模糊的概念，他們因此難以衡量目標是否值得追求，並且汲汲營營於新資訊，來保證自己不會犯錯。愛因斯坦指出了這中間的缺陷，他說：「未曾犯錯的人，也未曾嘗試新事物。」在嘗試時，你不可能確保自己永遠是對的。

## 真實成功模式：重量不重質

質跟量，到底哪個重要？這取決於我們在談什麼。許多情況下，人們總是認定質比較重要，但在決策與行動上，量卻重要多了。

那些最成功的人（無論你如何定義成功）都不是第一次就做對的。他們是在經歷當中奮鬥、學習的那些人。

幾乎每一位你認識的成功企業家，都有過生意失敗、策略錯誤，以及其他各種小小缺陷。以下這些人在得到極大的名氣、財富與成功之前，都曾經破產：華特・迪士尼、亨利・福特、唐納・川普、戴夫・拉姆齊（Dave Ramsey）、亨利・約亨氏（H. J. Heinz）和賴瑞・金恩（Larry King）。

一旦功成名就，人們只會看見他們當前的成功，因此對他們成功的原因產生扭曲的觀點。我們以為他們很聰明，但或許他們只是更執著。就連愛因斯坦這種天才，也說過：「並不是因為我多聰明，而是我花更多時間解決問題。」

## 追求量，而後再精煉

堅持不只是有勇氣去一次又一次地嘗試——我們得精進自己的方法。

談到人生重大決策和進步方面的質與量問題，最精確的說法應該是：量是通往質的道路。如果你多次嘗試來精進某件事情，並在每次行動中逐漸改善，結果必然會好過精心設計一次完美嘗試。這很有意思，代表著執迷於品質的人，反而應該聚焦在提高數量，才能實現他們的最終目標。

質和量的比較，就像是完美主義式思考和不完美主義的比較。完美主義者追求質量：他們不想犯錯，希望一次就把事情做好；做不好的話就乾脆不做。不完美主義者追求數量：他們會接受不太順利的第一次嘗試，然後很開心能在第五次才做對；只要有辦法，就算會表現得很差，他們就嘗試一下。

毫無疑問，當我們討論最終結果時，品質更重要。但過度執迷於品質，反而可能降低了品質，因為關鍵的精進過程會受到干擾（或甚至忽略）。

資深作家都知道，寫出好東西的方法就是持續寫作和精煉。寫作通常很少會在初稿時就奇蹟似地定稿。海明威曾說：「寫作就是不斷修正。」其他的例子包含：

- 運動計畫會隨著我們身體的不同反應、體重與負荷量而不斷完善。
- 我們的社交技能，會透過觀察他人對各種說法、玩笑、問題、主題和肢體語言的反應，從中不斷完善。
- 語言會經過長久的演化，持續發展，變得更豐富多彩（像是注音文、火星文）。

生命本身就是一個過程。就算達成某些事，我們也不會認為自己已經「抵達」了，因為我們永遠在移動！例如，一個人想要減重五十磅，達成了之後呢？他會再增重嗎？希望不要，因為那違背了初衷。真正的目標是達到、並維持某一個標準，這無法透過三十天的完美行動計劃來實現，而是要長期進行不完美、目標取向的行動才能實現（例如：每天至少做一下伏地挺身的微小習慣）。

重量不重質，持續重複就能產生一致性，養成習慣。這就是自我成長的核心。當你進入這一個過程，讓某個行為變成習慣，你的潛意識就會更喜歡它，從而不再抗拒。這是勝利。現在，你可以理解為什麼只要看到有人想「獲得動機」來達到目的，我就全身不對勁了吧？我們需要長期習慣才能得勝，而不是曇花一現的衝動。

大多數的建議都告訴你要有遠大的夢想，但夢想遠大並不代表你的目標也要遠大。我自認為是個超級夢想家（我有個夢想，是要徹底改造娛樂產業），但我只專注在小型目標。我只有在放下那些完美的遠大目標時，才能真正去實踐健身、寫作和閱讀。不要把遠大夢想和難以實現的目標混為一談。**實現遠大夢想，最好的方式就是實踐大量的小型目標。**

# 第十章

# 通往目標的路徑不只一種

「我總是在奇怪且不完美的事物中發現美——這有意思多了。」

——馬克·雅克布斯（Marc Jacobs），時尚設計師謝謝你和我一起踏上這段旅程。雖然這本書屬於非文學類，但我希望除了有用的建議，也能帶給你愉快的閱讀體驗。

讀完以後，我希望你感覺到無限的力量，支持你成為不完美主義者。在討論解決方案之前，我想先談談我們選擇的道路。

## 拋開「黃金道路」的概念

人生不是一條單行道，也不是只有一條車道，而是一片廣袤而自由的原野。如果你的目標是從A點到B點，那筆直的那條路不一定是你的路線，也不一定是最佳選擇。完美主義者會假設有一條「黃金道路」存在，而其他路線都不夠好。

我現在覺得自己是個有彈性的人，因為我在二〇一一至一二年經歷了突如其來的精神崩潰。最糟的時候，我記得自己縮在床角，毫無來由地全身顫抖不止。這不是我想要的，過程非常痛苦，但回想起來，這讓我變得更堅強。這段經驗有效地消除了我對黃金道路的想法。

當你經歷一些磨難，並變得更堅強之後，你會發現最好的道路其實不容易定義。除了被虐狂，沒人喜歡痛苦的經驗，但我們可從中得到最多的學習和成長。

我當然不是要你魯莽地投身最痛苦的情境。我想說的是，即便是崎嶇的道路都有其價值。也就是說，所有的道路都有價值。雖然有幾條特別好，但與其找到那條最好的，不如持續向前。毋庸置疑，最糟糕的選擇就是沒有作為。完美主義者常常沒有作為，因為面對無限的可能路徑，很難找到那條完美的。我們在追求某個目標時，要記得的方向，但也要給你的路線一些空間。你若是保持彈性且堅持不懈，你會達成人生的許多目標。先前，我談過我不完美的作家之路，如果我只願意走那條最直接的路線，那人生就不會像今天這樣了。

從今天起，我們所做的每個決定都會是不完美的。因此，放鬆心情，允許自己在沒有罪惡感和自我批判的情況下選擇吧。

# 完美主義者的二十二個自我照顧策略

本書提到的許多解決方式，都涉及到思維的轉變。但這無法直接應用。畢竟，我們是如何改變自己感知世界的方式？這需要可行的實踐方式，就像其他的轉變一樣。

要將這些思維轉變化為行動，你需要做的只有：每天花大約一分鐘（甚至更少）來反思。舉例來說，完美主義的第一個解決方法就是改變你在乎的事物。所以你如果想改變，就花點時間提醒自己。這個技巧非常強大，因為這能讓思維上的改變（這是關鍵，在實踐時卻比較抽象）轉換成清楚且可行的。

隨著時間推移，你會越來越理解這種新思維，最終將它設定成預設思考模式。當你每天都反思自己的觀點轉變，就更可能依此行動，得到很棒的結果，進一步將這個概念深植內心。

關於心態上的建議，我建議養成一個每天一分鐘的微小習慣（越早做越好，畢竟是關於心態）。有鑑於我們思考的速度，一分鐘已經足夠思考一件事，但微小習慣快速簡單，可以讓你成功融入生活。這是高效力、低努力、低犧牲的活動。

在討論解方之前，我想告訴你，你不必全然避開完美主義！這其實也不需要多說，因為不完美主義才是我們的目標，但重要的是，即便偶爾像個完美主義者那樣反芻思考過去也沒有關係，別對自己太過苛刻。不完美主義者的一部分，就是善待自己，對自己有耐心，記住這句話……

**永遠別將罪惡感當成動力**。

最近，我竟然在寫了反芻思考的章節之後，反芻思考了一件事。我在健身房見到一個迷人的女生，我走上前問了她的名字，自我介紹，並聊了一陣子，然後問了聯絡方式。接著，她說她有男朋友了。她說了下次見後，我卻說了一句讓我後悔的話：

「祝妳跟男友開心！」

我當時沒有惡意，但我想聽起來應該令人不太舒服。她可能覺得我因為被拒絕而語帶諷刺，又或者覺得我在開黃腔。表現很差勁，對吧？

自然而然，我開始反芻思考這糟糕的一句話。我反芻思考的原因跟大家一樣，因為我在乎。我在乎戀愛與人際關係，我不想對有好感的女性說不好的話。但我發現自己在反芻思考，也知道如何停止，所以成功的繼續往前。換句話說：**偶發的完美主義**

（任何子類型）沒有關係——重點是你如何應對。

## 廣義的完美主義（兩個對策）

1. **改變你在意的部分：**每天花一分鐘，思考並想像下列情境。

- 不在意結果，在意你付出的努力。
- 不在意問題，在意的是持續進步。假如需要解決問題，專注於解決方法而非問題。
- 不在意其他人的看法，思考你想成為怎樣的人，你想做些什麼。
- 不執著要把事情做對，而是有在做事情。
- 不在意失敗，要在意成功。
- 不在意時機，要在意任務本身。

2. **不完美的過程：**每天花一分鐘，思考如何以不完美主義的原則規畫你的一天。想想看如何在當天關鍵目標的每個階段，都接受不完美帶來的益處。

a. 不完美的想法和點子。

b. 不完美的決定。

c. 不完美的行動。

d. 不完美的適應。

e. 不完美、卻成功的結果。

以下例子說明了這種思維過程的實際影響：

a. 我今天想上健身房，但不確定自己安排的運動菜單是否理想，而且我在那裡會因為體態而有些不自在。

b. 就算錯過其他事，我也要去運動。

c. 我正在運動了，好像體力不太夠，但我還是要做。

d. 啊唷！啞鈴砸到腳了。下次不會再發生。

e. 就算我有遲疑、過程不完美、腳趾還腫起來，但我運動了，身體更強壯也更健康！

第五個步驟是關鍵，讓前述的不完美變得無關緊要。反正你在運動之後，幫花園除草之後，或是寫了幾頁的小說後，都會得到值得驕傲的成果，就算過程沒那麼驚天動地又如何？

## 不實際的期望（四個對策）

1. **調整你的期望：**每天花一分鐘，檢視你的期望。

選擇較高的普遍期望和較低的特定期望。這表示，你對自己和人生普遍抱有樂觀態度，對自己的能力有信心。同時，你也知道在特定的情況下（整體或細節上），都可能有很糟的結果。例如，你可能會說出你覺得不該說的一句話，也可能你覺得根本不該有這段談話——這都屬於「特定」的事件。因此，你對單一事件不會有特定期望，你可以坦然面對單一的失敗，知道這只是宏觀人生的一小部分。

你對日程表上每個活動的期望如何？期望很高的話，請調降一些，更好的是放棄期望，想著「我們來看看結果吧」的觀點。這不會對你積極的目標有負面影響；剛好相反，這只會增強你的信心，同時保護你不受負面意外的傷害。試著保持樂觀，但不要把希望全都寄託在單一情境——這可以讓你面對不完美時，保持靈活度。

2. **決定怎樣算是「足夠」**：這個概念可以應用在特定、或普遍的事情上。在完美主義的某些特定情境，你可以決定你今天怎樣算是足夠了。而普遍來說，你可以決定當下的人生就已經足夠（滿足）。讓這種思維成為微小習慣，最好每天花一分鐘，對你所擁有之物感到滿足。

對「足夠」負起責任。只有你能定義自己的足夠，不要讓社會的那種「永遠不夠」成為你的座右銘。但在每一次事件中，你還是能決定哪些是不夠的。你可能會意外地發現，自己有些方面其實所求並不那麼多。我的住處只有一百五十平方英尺（約四・二坪），但對我來說已經夠了。正如之前引述過的：

「人們說我是完美主義者，但我不是。我是正確主義者，我做事會做到對為止。然後，我就會繼續做下一件事。」

——卡麥隆

留意他是如何掌握「足夠」的定義，這是他的個人決定。完美主義的問題並不在於追求卓越，而是在追求那些非你制定、不可能達到的極高標準。假如你把「不可能」當作目標，那只是因為你覺得有觀眾而已。

3. **降低行動的門檻**：養成一到四個你自己選擇的微小習慣，請參考：http://minihabits.com/mini-habitideas/。

降低標準最簡單的方法就是養成微小習慣，這種訓練可以讓你知道行動是不嫌小、也不嫌不完美的。這能更深刻地影響你的期望，最終從潛意識改變你的思考，讓你接受小幅度的進步和成功。不切實際的期望往往讓我們動彈不得——如果無法保證第一次就輝煌勝利，我們就連試都不想試。微小習慣能突破這個障礙。

假如你已經有了微小習慣，或是想特別培養另一個，那麼你可以每天挑選一個重要領域，依照自己的現況想出降低行動門檻的方法（像是：願意用手機來寫作、晚上運動、雨中慢跑、就算很累也去運動）。這很難成為每日習慣，因為降低標準會視情況而定，所以我建議你發想一些未來可行的點子。

4. **專注在過程：**看看前方的日子，挑選你最重大的挑戰，並拆解為可以遵循的步驟。當時機到來，你會想起這些步驟，而挑戰的壓力將不會再如此巨大，一切看起來更可行！

專注在過程，別執著於結果。這個目標也可以透過微小習慣（簡直是反完美主義的萬用瑞士刀）來達成。如果一個人的期望不切實際，那就表示他們想要某個特定的結果——要不是不可能實現，就是要極大的勇氣與努力。令人訝異的是，專注在過程反而能讓結果更好，而專注在結果卻會讓你的必經之路失焦。結果，就是你所有過程的總結。你如果追求特定領域的結果，不妨建立一些微小習慣，藉此將注意力重新導向過程。

## 反芻思考（五個對策）

1. **接受過去：**每天花一分鐘來思考：過去已成定局，且本質上無法改變。每天都提醒自己，發生的事無法改變，就能幫助我們接受「過去永遠無法改變」的事實。我們必須在邏輯上處理好，才能在情緒上接受。對現實的否認會激起我們的情緒，助長了反芻思考。

2. **替換反芻思考：**直接行動來對抗反芻思考（最好是某個相關的微小習慣）。你如果因為失去了一位客戶而反芻思考，就去努力找一個新的客戶，或者打一通開發客戶的電話。如果你反芻思考一場爭執，就試著跟對方和好，或者安排跟其他朋友出去玩一天。如果無法解決的悲劇讓你很沮喪，那就養成微小習慣，或是找尋其他讓生活繼續前進的方法。

改變心態最好的方式之一，是按照想要的改變而行動。當你反芻思考過去，那麼現在的行動（尤其對於反芻思考的範圍）就是最好的阻止方式。舉例來說，你如果反芻思考一次糟糕的面試，那去尋找更多工作機會就是你所能做到最好的選擇。你如果反芻思考一段關係，那去認識新朋友會是最積極的。如果反芻思考的是悲劇事件，那「把生活過好」是理想的決定。微小習慣對此也有很大幫助，因為低門檻可以讓情緒透支的人繼續實行。

《驚人習慣力》的讀者林恩（Glenda Lynn）寫了一封電子郵件給我：

「這個星期三晚上，我的孫女死於車禍。她帶著十八個月大的兒子，而幸運的是，他沒有受傷。我們全家大受打擊。然而，多虧了微小習慣和快樂儀式（HappyRitual）這個應用程式，我還是成功堅持那些在悲劇前養成的好習慣。我想告訴你，這就像是上帝的禮物，幫助我用盡可能健康的方式活下去。或許可以把我的分享加入你的課程。不知道有沒有研究發現，每天的例行公事能幫我們度過毀滅性事件？」

習慣是避免毀滅的有效方法。我們都需要培養好習慣和簡單目標，這樣一來，面對挫敗感時我們也能從中得到小小成就感。這可以讓我們度過人生最難熬的時刻。

3. **理解機率及失敗**：你如果反芻思考一次負面結果或錯誤，請花一分鐘判斷這是機率問題還是失敗。是失敗，就換個策略再嘗試；是機率問題，就盡快用相同策略再試一次；假如兩者皆有，就繼續嘗試，並同步調整你的策略。

失敗代表結果是由你一個人造成——你可能跌倒了、在藥劑裡面加錯東西，或是拼錯字。如果有其他人的影響，就會變成機率問題，尤其是他們有決定權——像是邀請別人吃晚餐、請求加薪、上《美國偶像》選秀節目，或報告成績比想像中還要低。

另一個有趣的例子，是當你追求像是運動這種個人目標——如果你沒達到標準，那會更像是失敗，因為要不要上健身房完全取決於你。因此嘗試微小習慣總是會成功，這種實現目標的策略，跟所謂的傳統「智慧」是完全不同。

能戰勝反芻思考的直觀想法，就是繼續努力。了解機率和失敗不只有助於擬定策略，還能幫助調適好情緒，並對負面結果做出理性反應。當你意識到自己的「失敗」

其實只是偶然結果，就更容易好好休息，接著重新振作！

4. **改變自我對話**：如果你在反芻思考某件事，請在腦中消除「當初應該」的說法，取代為「當初可以」這種象徵有其他可能的說法。如果你沒有反芻思考，那就想想你目前的人生困境，選擇用「挑戰」來取代「艱辛」或「痛苦」。

「當初應該」是對過去的罪惡感，而「當初可以」是未來的機會。你的自我對話與你的觀點緊密相連，而觀點不但很容易改變，更可能迅速對人生帶來顛覆性的改變。

額外技巧：人生問題？既不「艱辛」或「痛苦」，甚至也不是「問題」——而是挑戰！這是是一個充滿力量的觀點，讓你願意迎接挑戰，相信過程雖然激烈，但也會很有趣，就像乒乓球比賽那樣。

5. **計時器妙招**：每天至少一次，用以下的計時工具來激勵自己去完成任務，這可以直接改善反芻思考習慣或至少轉移注意力。

積極主動。無論你在反芻思考哪些事，答案就是積極主動。越是積極主動，當下你就越少有機會去反芻思考，也就更有機會去創造更值得你去思考的人生（而非那些讓你反芻思考的事件）。一般來說，最好的行動策略就是養成每天的微小習慣。如果想多做一些，我推薦第六章中以計時器為基礎的六個技巧：

- 倒數計時器：倒數結束時，你就必須馬上開始任務。
- 決定倒數：倒數結束時，你必須馬上做出堅定的決定。
- 專注倒數：在〇分鐘內，你必須專注於你選擇的任務上（要搭配嚴格的分心規則）。
- 番茄鐘工作法：工作二十五分鐘，休息五分鐘，反覆進行。
- 工作與遊戲的旋轉木馬：工作一小時，休息一小時，反覆進行。

## 被肯定的需求（四個對策）

渴望得到認同，代表你努力卻無法做自己，對自己缺乏信心（尤其在社交場合）。你可以透過以下四管齊下的策略，讓自己提升信心：

1. **化學上的信心建立**：進入所有需要自信的場合之前，都花兩分鐘擺出「權勢姿勢」（power pose）。站開一點，抬頭挺胸，將雙臂張開，或是雙手叉腰。也可以坐著，將雙手放在腦後，手肘打開。

 採取權勢姿勢兩分鐘，從化學層面提升信心，這聽起來很瘋狂，但這是科學實證的！在任何需要信心的場合（面試、社交情境、約會、開會、演講、報告等）之前試試看吧。努力讓自己整體的肢體語言更有信心，造就長遠的改變。

2. **裝出信心**：為了更加具體可行，請給自己承諾，每天都至少要在一個場合自信行動（就算你實際上沒自信）。

偽裝自信，就算很心虛還是要演出信心的樣子。有時候，你必須先偽裝自信，接著才能真正感覺到信心。假裝有信心，並不是假裝自己是某人，這只是在練習你還不擅長的技術。

假裝你在任何情境中都很有信心。誇大一點也無妨，你可能會發現其他人並不覺得奇怪。要是你每天都去同一間店，那你可以練習對收銀員展現信心。別擔心自己在過程中緊張——那很快就會消散的。

3. **合理化基準：**面對某件事情，如果你開始害怕或擔心自己達不到，那就把基準降到你有把握的程度。

想變得自信，最簡單也最直接的方法，就是改變你會有信心的事物。與其朝龐德努力，不妨試著當一個會說「嗨」的人，這樣一來，你會漸漸相信自己有能力達成目標。人們缺乏信心的唯一原因，就是因為對某一領域的評價，有先入為主的基準。當你放下先入為主的看法，建立你專屬的信心，你就可以好好做自己，自然流露出自信。

不要拿自己的跑步技術，去跟跑馬拉松的朋友或獵豹相比；有需要的話，把你的基準設在陸龜等級就好了。在社交方面，不要用電影當自己的基準，因為現實的互動沒有劇本，往往尷尬得多。

4. **叛逆練習：**每天一次，練習對社會常規或期望的叛逆。叛逆，是渴望認可的反義詞，所以需要認可的人也需要練習叛逆。許多方法都能讓我們安全、合法地練習叛逆。最簡單的方式，就是在公共場所做出不尋常的舉動。這些事情一般人會不好意思去做，但偶爾在商店裡面大聲唱歌不會傷害任何人。更可能的是，這會引來笑聲。

你如果渴望特定對象的認可，而你想改變，那就想出一個微小卻有象徵性的做法，反抗他們對你的控制。不需要用極端的方式表明立場（既然你渴望對方認可，自然不太可能做過頭），這個想法只是要你練習用自己的方式生活，直到你習慣不需要別人的指手畫腳。微小卻有象徵性的行動，可能是大聲唱歌、躺在公共場所的地板上，甚至是和陌生人搭話。這些行動在在向你自己與世界表明，你就是人生的主人。

## 擔心犯錯（四個對策）

1. **記錄成就**：找個東西來記錄你的成就（筆記本、電腦或手機），每天至少寫下一項（或是你身上的一種正面特質），直到想不出來為止。

這種決心不用太多時間，每天只是花幾分鐘，寫下自己做過的一些好人好事。患有冒牌者症候群的人，在內化自我成就這方面做得不夠。寫下來會有很大幫助，也讓那些成就在你腦中更加具體。

2. **二元心態**：在你害怕犯錯的領域，建立二元觀點，然後去爭取你的勝利！為了讓這件事成為日常習慣，你得設定一個能廣泛應用的二元架構，否則就去追求自己定義的二元勝利。你可以先花個幾天來創造想法，接著再轉為實踐。

假如你擔心犯錯，你也會擔心你的人生，因為錯誤總是接踵而來。二元心態這種方法非常省力，可以讓你忘記那些錯誤的可能，也讓你聚焦在有機會執行的行動上。不要把事情都想成有一（極差）到十分（極佳），而是要看成零（什麼也沒做）與一

（有做）。當你專注在行動上，並將行動視為成功，就更能放鬆地在人生中進步。

例子：

- 對有魅力的人說「嗨」＝成功。
- 寄一封電子郵件給某人（為了生意、社交或特殊要求）＝成功。
- 寫出故事大綱（不用寫得太好！）＝成功。
- 出版一本書＝成功。
- 發表一場演說＝成功。

誰都可能跟人說「嗨」卻被忽視、寄提案信被拒絕、寫出企鵝入獄的無聊故事、出版滯銷的書，或是在觀眾的噓聲中結巴——這上述這五種情況，卻是五次成功。藉此，你會建立韌性、產生勇氣，並得到更多力量。接著你還會得到可貴的回饋，讓經驗成為你生命的養分。而且我舉的例子是最糟情況——其實不太可能有這些負面結果。二元心態的可貴之處，就在於什麼都不做比失敗還更讓人沮喪。

3. **更容易的成功：**建立並維持每天的微小習慣，讓每天的成功變得難以抗拒。當成功比失敗更容易時，你就會成功。

4. **組合式的成功行動：**不要在一日之初就以成功為目標，而該聚焦在進步，任何程度都可以。每天花一分鐘思考這個概念。

不要把成功看成明確、完美的里程碑，例如減重一百磅。用大槌子擊碎你內心的遠大目標吧。當目標碎裂成幾百個小塊，拾起最小的，想想只要少了這一塊，那個遠大目標就不完整了。把成功看作是組合式的，重新定義你的成功為進步。如此一來，你不會再執迷著要去那個完美無瑕的里程碑，而會關注下一步如何前進。追求進步一段時間後，你的成就將遠超過一開始的期望。

## 對行動的遲疑（三個對策）

1. **反預測：**當你對某件事有遲疑，不斷預測負面情景時，把想法仔細寫下。要先決定好要寫在哪裡，否則你不會動筆。然後進行實驗，看看現實狀況跟你的預測差了多少？先別急著跳下懸崖（這種行為當然值得你預測），你可以從安全一點的事情開始，像是跟陌生人說話、很累還是去健身房，或是開口求助。

要小心你的預測，盡可能多仰賴實驗與經驗結果。新事物是未知的，我們傾向懷疑未知。可是事情的發展，只有在嘗試之後才可能得知。所以預測通常不準確，尤其是預測需要付出努力的事件。我們潛意識會想避免一些事，像是要付出能量的事情，也因此我們的預測會有偏差，產生負面的偏誤。

2. **更快的決策**：每天一次，為你的計畫想出四個相關選項（像是午餐／晚餐吃什麼、現在有哪些家事／任務可以做、可以打電話給誰，諸如此類），然後寫在紙上。花點時間去構思，但寫下來之後就要盡快選出其中一個，並寬心接受自己的選擇。要刻意去把其他選項劃掉。選擇的時間不要超過十秒。無論你圈選哪一個，當天都要去做。做得越多次，你就越能看見人類這種最厲害的技能：在相對不重要（有時則是很重要）的事物上當機立斷。

下決策時，我們會深思（權衡選項）並實踐（採取行動）。即便已經找到最好的做法，拖延症患者還是會反覆深思。假如你練習停止深思階段，並快速進入實踐階段，你就會發現深思其實沒有幫助。快速做出決定吧！

3. **分析結果：**面對你遲疑的行動，進行以下簡單的分析：

**最糟情況的嚴重性：**想想最糟的可能，並將嚴重程度分為一到十分。如果你要弄一座花園，不必去思考「走進花園被雷劈到，還同時踩到黃蜂窩」這種情況。請選擇符合現實的最糟情況。

**最糟情況的可能性：**評估最糟情況發生的可能性（幾乎不可能、不太可能、一半一半、非常有可能）。

**最佳情況的益處：**想想最好的情況，評估其影響。不用去思考「收成豌豆的時候，剛好有個穿著白色洋裝的美女走過來」這種狀況。符合現實的最佳情況是什麼？會有多棒？

**最佳情況的可能性：**評估最佳情況的可能性（幾乎不可能、不太可能、一半一半、非常有可能）。

**最可能的情況：**想想看最有可能發生的情況，以及你對此的感受。估計潛在結果的可能性，以及行動帶來的影響。例如，創業在統計學上的失敗率很高，但失敗的影響或許是可以承受的；成功的機率雖低，但足以影響人生。要讓這些資訊具體一些，否則你很難跨出深思的階段。

這些步驟很簡單，寫下來可以讓你更容易分析自己的決定，看看遲疑是否有合理。對於結果的詮釋也很重要，這是因果與其發生機率的總和。

例子一：玩滑板運動，你最糟的情況可能是摔斷手，嚴重程度是九分。最佳情況可能是有六分的樂趣。如果摔斷手的機率微乎其微，而最佳狀況很可能發生，那滑板運動可能值得你冒險，只是要小心一點。

例子二：購買樂透彩券，最糟情況是損失一、兩美元（嚴重程度為一分），最佳情況是賺一大筆（益處十分）。你如果和多數人一樣，只看風險和回報，那買樂透似乎不錯。但最糟情況（沒有贏錢）幾乎必然會發生，所以雖然風險報酬率很高，卻可能不值得你冒險。

## 我可以同時達成幾個目標？

本書寫出很多解決完美主義的方式。我對自助書籍最失望的一點，就在於它們通常會給你無數種解決方式，卻沒有個架構，能讓你有方法選擇並融入生活。這對我來說才是解決人生問題最重要的部分。你一定要有某個結構化的計畫，才能接受並實踐新的目標與策略。

第一個問題是：你打算同時追求幾個目標？

這不好回答，畢竟每個目標的大小都不同。每天喝一杯水，不同於每天練習鋼琴一小時。此外，我們可能同時有數十件想做的事。面對這種情況，標準方法是去判斷優先順率，評估自己可以同時處理多少件事。不過，我們時常高估了自己的能力，結果導致半途而廢。

在《驚人習慣力》中，我建議每次不超過四個微小習慣，而本書的解方都遵循著微小習慣的模式（因為微小習慣是「不完美主義者」對於目標的自然觀點，能可靠地改變行為）。根據我收到的許多回饋，我會繼續建議每次不超過四個。沒錯，有些人一次培養五、六個微小習慣也能成功，但他們是例外。這種狀況的失敗機率更高。對多數人來說，每次兩、三個微小習慣是最理想的。

你猜完美主義者會怎麼做？他們想要一口氣解決所有問題。當然，他們最終會嚐到失敗的滋味。不完美主義的關鍵之一在於耐心。你或許無法在一夜之間扭轉人生，但變為不完美主義者的過程會讓你很享受！

假如你讀過《驚人習慣力》，也建立起微小習慣，就別急著增加自己的負擔。複雜不能提高生產力，簡單才是答案！不過，上述解決方法並不完全是要你努力養成一個好習慣。考慮到這些方法的特性，我們需要一個新微小習慣的策略，也就是以專案為基礎的微小習慣。

## 專案式的微小習慣計畫

我原本想把這個策略寫在下一本關於微小習慣的書裡。一般來說，微小習慣是為了讓我們在重要領域中建立習慣。但如果一個人已經有了一些關鍵的習慣，而只是想在其他領域努力看看，例如把完美主義當作實驗或題目呢？這樣的話，你可以使用專案式的微小習慣計畫。

微小習慣計畫使你長期進行同一組行為，但專案式的微小習慣比較有彈性，可以互通改變。不同之處在於，你可以藉由單一個專案式的微小習慣，來專注在培養一系列相關的能力，而不是只是用單一個習慣來改善人生。本書提出的二十二種完美主義解決方式，最適合用來實踐的就是專案式的微小習慣計畫，因為：

1. 透過實驗，你會發現有哪些技巧更能幫助你改變完美主義。如果你長期下來只選擇了其中三種方法，那你可能會錯失更有效的。
2. 要攻克完美主義，最好要透過多方面的出擊。因為我們試圖改變的是一種普遍的心態。完美主義的根源有許多，而系統性的攻擊才能有效地削弱。

你或許有天擔心犯錯而深受困擾，所以需要練習二元心態。又有一天，你遭遇對於認可的渴望，所以需要做叛逆練習。想法在於，你不需要每天在這兩種技巧之間切換，而是要練習這兩者，這樣才知道如何在對的時機應用這兩種方法，累積第一手經驗。

這有點像是富蘭克林（Ben Franklin）的「十三種美德」（13 virtues）。有趣的是，富蘭克林是個幹勁十足的人，試圖成就完美。他的概念是指出十三種美德，並透過一次一個、一次一週的節奏來掌握它們。每個星期，他會允許自己在其他部分上犯錯，把精力放在選定的那一條美德，例如真誠、正義或節制。當他掌握了一個部分，他也同時在其他部分失敗，但他認為自己在這個過程中，整體而言進步了許多。雖然他的目標是在每個部分達到完美，但他用一種不完美主義的方式來進行任務——因為他不試著一次做好所有事情。

在我們的思維中，沒辦法將目標設定成「完美的不完美主義者」，所以這種方式很適合我們。富蘭克林的策略，加上微小習慣的力量，可以讓行動化為可能，引導我們更接近內在自由的目標。你可以這麼做：

我會用大大的日曆來記錄我自己的微小習慣。我的做法是，當天完成任務之後就打個勾。由於我已經養成微小習慣好幾年了，也已經克服了最初妨礙我朝目標邁進的阻力，這已經變成我如何善用時間的一種選擇（而不是努力想讓自己好好支配時間）。現在，我可以寫小說、非文學類、一本書、部落格文章、客座文章，諸如此類。我可以讀書或冥想，或兩者皆做，又或者完全專注在一個專案上。

專案式的微小習慣搭配實體日曆是最簡單的。你只需要在開始的那天寫下想養成的微小習慣就好。例如：

五月二十二日：每天寫作五十字，累積成書；每天讀書兩頁。

從當天開始的每一天（直到發生變化），只要有打勾就表示你完成了這些微小習慣。但你如果剛讀完了這本書，也對你的閱讀和寫作習慣很滿意，想要下個月開始練習不完美主義，這時可以怎麼做？你可以在六月一日寫下：

1. 做一個叛逆練習。
2. 花一分鐘思考不完美主義者在乎的事項清單。
3. 對一件事採用二元心態。

這三個行動會變成你新的微小習慣，直到發生改變。從那一天起，你的勾勾就表示你完成了這三個微小習慣（而不是五月二十二日的閱讀和寫作習慣）。這種方式簡單又可見，可根據你的需要來調整微小習慣。雖然這會降低你建立真正習慣的機率，卻能讓你培養出某種廣泛的能力，例如練習用各種不同方式來成為不完美主義者。

有些人不確定自己是否需要習慣，也想在不同行為之間實驗與探索，那專案化的方式也很有吸引力。最後，這很適合那些以專案式的觀點來處世的人（企業家通常如此）。你用每天五十字的微小習慣最終發表你的作品之後，就可以轉向下一個專案、研究別的概念或主題了。

用日曆（實體或電子）的效果會很棒，可以讓你在上面記錄並檢核。有些記錄習慣的應用程式，可能會使你難以切換微小習慣，這很合理，畢竟這類應用程式的目標是養成習慣，但我的策略則否。重點是實驗和完成專案，而循環練習相關的微小習慣組合，可以幫助我們攻克多重根源的問題，例如完美主義。至於切換微小習慣的頻率，則完全取決於你。

假如你大致上是個完美主義者，我建議一次花一整週來研究其中一個子類型，再花一週來研究整體的不完美主義——這會形成六週的循環。這能讓你好好感受不同解決方式對你的效果。假如你覺得有些子類型特別難以駕馭，那也可以。例如，也許你需要兩週來練習反芻思考的解決方式。

更多計畫的想法，請參考：http://imperfectionistbook.com。

## 打造你獨有的完美腳本！

這本書的最後，或許象徵著振奮改變的開始。就像書中描述的所有例子，我親身經歷了許多震撼的改變。我相信你也能如此。

不完美主義者並不會擁有諷刺的完美人生：他們只是比較快樂、健康、有生產力，做著真正重要的事。完美主義代表的是限制，而不完美主義則是自由。因此，試試這本書裡的建議，開始不完美主義的蛻變之旅吧。你不會後悔的。

祝你有一趟最棒的不完美旅途！

乾杯！

史蒂芬・蓋斯

# 我的其他著作

## 《驚人習慣力》

假如你還沒看過，那我強烈推薦你讀一讀我的第一本書《驚人習慣力》。雖然就算沒讀過它，也能從《如何成為不完美主義者》中獲益，但兩本書確實能相得益彰。讀了《驚人習慣力》，就能了解為什麼不完美主義的心法都是以微小習慣的方式來呈現。

《驚人習慣力》以科學為基礎，可以稱得上是最有效的習慣養成策略指南；而根據讀者的回饋，或許也是最受喜愛的。大家都對這些改變人生的策略讚不絕口呢！

## 精熟微小習慣

假如你偏好影音，想要學習微小習慣的概念，就可以選擇「微小習慣精熟影音課程」：http://udemy.com/mini-habit-mastery/。書籍和線上課程的評價和滿意度都很高

（課程在超過四十篇評論中得到五星評價），而我保證這些評價都是真實的。

## 週二的深度人生訊息

每週二，我都會寫作關於聰明人生策略的內容，並寄給訂閱者。許多讀者告訴我，這改變了他們的人生。訂閱後，就可以瀏覽前面所有的內容。這些都是訂閱者限定且免費的。對我而言，好處是溝通：我可以告訴你下一本書或課程何時推出！

郵件訂閱：http://stephenguise.com/subscribe/

感謝你閱讀了《如何成為不完美主義者》，希望你讀得愉快。

假如你相信這本書的訊息很重要，歡迎在網站上留下書評。若是你藉著本書的方法成了不完美主義者，請和其他讀者（以及我）分享你的進步！

你的分享或許間接改變其他人的人生。這本書的影響範圍由你決定，《驚人習慣力》就印證了這一點。你願意幫我在充斥著完美主義的世界，分享不完美主義的訊息嗎？

額外內容：http://imperfectionistbook.com

聯絡史蒂芬：sguise@deepexistence.com

# 資料來源

## 序　我如何從完美主義康復

[1] Merriam-Webster.com. 'Perfectionism' | N.p., 2015. Web. 9 May 2015.

## 第一章　我是完美主義者嗎？

[1] FMPS; Frost, Marten, Lahart, & Rosenblate (1990). Cognitive Therapy and Research, 14, 449–568.

[2] Stöber, Joachim. 'The Frost Multidimensional Perfectionism Scale Revisited: More Perfect With Four (Instead Of Six) Dimensions'. Personality and Individual Differences 24.4 (1998): 481-491.

[3] Hewitt, Paul L. et al. 'The Multidimensional Perfectionism Scale: Reliability, Validity, And Psychometric Properties In Psychiatric Samples.'. Psychological Assessment 3.3 (1991): 464-468.

[4] Hill, Robert W. et al. 'A New Measure Of Perfectionism: The Perfectionism Inventory'. Journal of Personality Assessment 82.1 (2004): 80-91.

## 第二章　完美主義的形成

[1] Oprah.com,. 'Why Brene Brown Says Perfectionism Is A 20-Ton Shield'. N.p., 2015. Web. 10 May 2015.

## 第三章　學會改變

[1] Fry, P. S., and D. L. Debats. 'Perfectionism And The Five-Factor Personality Traits As Predictors Of Mortality In Older Adults'. Journal of Health Psychology 14.4 (2009): 513-524.

[2] Blatt, Sidney J. 'The Destructiveness Of Perfectionism: Implications For The Treatment Of Depression.'. American Psychologist 50.12 (1995): 1003-1020.

[3] Flett, Gordon L., Paul L. Hewitt, and Marnin J. Heisel. 'The Destructiveness Of Perfectionism Revisited: Implications For The Assessment Of Suicide Risk And The Prevention Of Suicide.'. Review of General Psychology 18.3 (2014): 156-172.

[4] Blatt, 'The Destructiveness Of Perfectionism' (1995)

[5] Hamachek, Don E. 'Psychodynamics of Normal and Neurotic Perfectionism'. Psychology: A

Journal of Human Behavior (1978): n.p. Web. 10 May 2015.

[6] FMPS; Frost, Marten, Lahart, & Rosenblate (1990). Cognitive Therapy and Research, 14, 465.

[7] Greenspon, Thomas. '"Healthy Perfectionism" Is an Oxymoron!'. Davidsongifted.org. n.p., 2000. Web. 10 May 2015.

[8] Pacht, Asher R. 'Reflections On Perfection'. American Psychologist, 39.4 (1984): 386-390.

[9] Greenspon, "Healthy Perfectionism" (2000).

[10] Nielsen.com, 'Shifts in Viewing: The Cross-Platform Report Q2 2014'. N.p., 2014. Web. 8 May 2015.

[11] Biswas, Aviroop et al. (2015) 'Sedentary Time and its Association with Risk for Disease Incidence, Mortality, and Hospitalization in Adults'. Annals of Internal Medicine, 162.2: 123. Web.

[12] Morrow, Jon. 'Make Money Blogging: 20 Lessons Going to $100K per Month'. Boost Blog Traffic. N.p., 2014. Web. 8 May 2015.

[13] Nytimes.com,. 'To Err Is Human, And Maybe Also Psychologically Healthy'. N.p., 2011. Web. 10 May 2015.

[14] New England Patriots,. 'Game Notes: Patriots Have Won 72 Straight Home Games When Leading At Half'. N.p., 2014. Web. 10 May 2015.

[15] Neal, David T., Wendy Wood, and Jeffrey M. Quinn. 'Habits—A Repeat Performance'. Current Directions in Psychological Science 15.4 (2006): 198-202.

[17][16] Snopes.com,. 'Carried Away'. N.p., 2015. Web. 11 May 2015.

Cuddy, Amy. 'Your Body Language Shapes Who You Are'. Ted.com. N.p., 2012. Web. 11 May 2015.

[20][19][18] Cuddy 'Your Body Language Shapes Who You Are' (2012)

Wendy Wood et al., 'Habits—A Repeat Performance' (2006)

Corson-Knowles, Tom. 'List Of The Top #100 Most Competitive Amazon Kindle Bestseller Categories'. TCK Publishing. N.p., 2014. Web. 11 May 2015.

## 第四章　不完美主義的進程

[1] Graber, Cynthia. 'Snake Oil Salesmen Were On To Something'. Scientificamerican.com. N.p., 2007. Web. 11 May 2015.

[2] Swanson, D., R. Block, and S. A. Mousa. 'Omega-3 Fatty Acids EPA And DHA: Health Benefits Throughout Life'. Advances in Nutrition: An International Review Journal 3.1 (2012): 1-7.

[3] NPR.org,. 'A History Of 'Snake Oil Salesmen''. N.p., 2013. Web. 11 May 2015.

[4] Oxforddictionaries.com,. 'Lever: Definition Of Lever In Oxford Dictionary American English) (US)'. N.p., 2015. Web. 11 May 2015.

[5] McGonigal Ph.D., Kelly (2011-12-29). The Willpower Instinct: How Self-Control Works, Why It Matters, and What You Can Do to Get More of It (p. 215). Penguin Publishing Group. Kindle Edition.

## 第五章　不實際的期望

[1] Forgas, J. P., Kipling D., Williams, & Laham, S. M. (2005). Social Motivation: Conscious and Unconscious Processes. Cambridge, UK: Cambridge UP, 64. Print.

[2] Luttrell, Marcus (2007-06-12). Lone Survivor: The Eyewitness Account of Operation Redwing and the Lost Heroes of SEAL Team 10 (p. 135). Little, Brown and Company. Kindle Edition.

## 第六章　反芻思考

[1] Pychyl, Timothy. 'The Pernicious Perils Of Perfectionism'. Psychology Today. N.p., 2010. Web. 11 May 2015.

[2] Kahneman, D. (2011-10-25). Thinking, Fast and Slow (p. 112). Farrar, Straus and Giroux. Kindle Edition.

[3] The Pomodoro Technique®,. 'GET STARTED -'. N.p., 2015. Web. 12 May 2015.

[4] Stats.oecd.org,. 'Average Annual Hours Actually Worked Per Worker'. N.p., 2015. Web. 11 May 2015.

## 第七章　被肯定的需求

[1] Epley, Nicholas, and Juliana Schroeder. 'Mistakenly Seeking Solitude.'. Journal of Experimental Psychology: General 143.5 (2014): 1980-1999.

## 第八章　擔心犯錯

[1] Frost, R. O., Trepanier, K. L., Brown, E. J., Heimburg, R. G., Juster, H. R., Leung, A. W., and Makris, G. S. (1997), "Self-Monitoring of Mistakes among Subjects High and Low in Concern over Mistakes," Cognitive Therapy and Research, 21, 209–222.

[2] Brown, E. J. et al. "Relationship of Perfectionism to…"

[3] Goldman, Matt, and Justin Rao. 'Effort Vs. Concentration: The Asymmetric Impact Of Pressure On NBA Performance'. N.p., 2012. Web. 8 Feb. 2015.

[4] Hewitt, Paul L., Gordon L. Flett, and Evelyn Ediger. 'Perfectionism Traits And Perfectionistic Self-Presentation In Eating Disorder Attitudes, Characteristics, And Symptoms'. International

Journal of Eating Disorders 18.4 (1995): 319.
[5] Thompson, T., Foreman, P., and Martin, F. (2000), "Impostor Fears and Perfectionistic Concern over Mistakes," Personality and Individual Differences, 29(4) (October), 629–647. doi:10.1016/s0191-8869(99)00218-4.
[6] Goldsmith, Donald, and Marcia Bartusiak. E=Einstein. New York: Sterling Pub. Co., 2006: p. 258. Print.
[7] Thompson et al. "Impostor Fears."
[8] Sakulku, Jaruwan, and James Alexander. 'The Impostor Phenomenon'. International Journal of Behavioral Science 6.1 (2011): 84. Web. 8 Nov. 2014.
[9] Sakulku et al. "The Impostor Phenomenon." Choosing Experience over Projection

## 第九章　對行動的懷疑

[1] Frijda, Nico H. 'The Laws Of Emotion.'. American Psychologist 43.5 (1988): 349-358.

一起來　思 039

# 如何成為不完美主義者

## 不完美才完整，從小目標到微習慣，持續向前的成功逆思維

作　　者　史蒂芬・蓋斯（Stephen Guise）
譯　　者　謝慈
主　　編　林子揚
責任編輯　林杰蓉

總 編 輯　陳旭華 steve@bookrep.com.tw
社　　長　郭重興
發 行 人　曾大福
出版單位　一起來出版／遠足文化事業股份有限公司
發　　行　遠足文化事業股份有限公司 www.bookrep.com.tw
23141 新北市新店區民權路 108-2 號 9 樓
電話｜ 02-22181417　傳真｜ 02-86671851
法律顧問　華洋法律事務所　蘇文生律師

封面設計　LIN
內頁排版　新鑫電腦排版工作室
印　　製　通南彩色印刷有限公司
初版一刷　2023 年 4 月
定　　價　400 元
I S B N　9786267212103（平裝）
9786267212097（EPUB）
9786267212080（PDF）



國家圖書館出版品預行編目（CIP）資料

如何成為不完美主義者：不完美才完整，從小目標到微習慣，持續向前的成功逆思維／史蒂芬・蓋斯（Stephen Guise）著；謝慈譯 . -- 初版 . -- 新北市：一起來出版：遠足文化事業股份有限公司發行 , 2023.04
面；14.8×21 公分・--（一起來思；39）
譯自：How to be an imperfectionist: the new way to self-acceptance, fearless living, and freedom from perfectionism
ISBN 978-626-7212-10-3（平裝）

1. CST: 自我肯定　2.CST: 成功法

177.2　112000607